PLAZA & JANES
P & J
EDITORES

GESTION
E
INNOVACION

AL ÉXITO
POR LA
COOPERACIÓN

*Un enfoque humano
de la estrategia empresarial*

REINHARD MOHN

Introducción de Alvin Toffler
Prólogo de Jesús de Polanco

PLAZA & JANES EDITORES, S. A.

Título original:
ERFOLG DURCH PARTNERSCHAFT

Traducción de
THOMAS WÄHLING

Revisado por
JUAN CARLOS VÁZQUEZ-DODERO
Profesor del I.E.S.E.

Primera edición: Octubre, 1988

Printed in Spain – Impreso en España
ISBN: 84-01-36112-5 – Depósito Legal: B. 37075-1988

ÍNDICE

PRÓLOGO
A LA EDICIÓN ESPAÑOLA

Este libro merece ser leído por cuantos se interesan por el futuro de la empresa en Europa. Reinhard Mohn expone aquí su propia filosofía de la empresa al cabo de una vida profesional coronada por el éxito, principalmente en el sector editorial e impresor de su país y con una proyección mundial. Se trata de una visión reveladora del espíritu empresarial de un hombre que afirma sin ambages el principio de la cooperación (en alemán, *partnerschaft*), diferenciado del sistema de cogestión tan extendido en la República Federal de Alemania. En su texto propugna, entre otros principios, una asociación estrecha con todos los colaboradores de la empresa para el logro de unos objetivos, más allá de sólo los legítimos intereses económicos, para tratar de servir al entorno social incluso con la promoción de valores democráticos.

La cooperación en el seno de la empresa es una corriente social que viene de lejos y constituye una tendencia que se dibuja nítidamente en el horizonte. Abrir las empresas de modo progresivo a la participación y a la cooperación activa *(partnership)* es ir al encuentro de soluciones de futuro que, desde la iniciativa privada, contribuyan a poner los cimientos de una nueva sociedad en el marco de la solidaridad y de la libertad.

La reforma de la gestión, con soluciones de futuro ante los profundos cambios sociales, económicos, tecnológicos y aun culturales operados a lo largo de las últimas décadas, significa tratar de acertar con nuevos modelos empresariales que puedan contribuir a superar los desafíos del presente y a conformar un porvenir mejor.

Cada modelo empresarial responde a una filosofía, a un espíritu, que se apoya en lo que ya es en parte una ciencia moderna pero que también sigue siendo, en gran medida, un arte personalísimo que se potencia desde la experiencia vivida con todas sus peculiares e irrepetibles circunstancias.

De ahí el extraordinario interés que tiene estudiar atentamente un modelo como el que presenta un hombre del talante de Reinhard Mohn quien, a través de esta versión en castellano, viene a compartir con los lectores hispanoparlantes las personales conclusiones de su amplia trayectoria de empresario desde una de las mayores potencias económicas europeas, en vísperas de la implantación de un mercado único, en 1992, con la consiguiente internacionalización de la economía española. Ello es tanto más relevante por cuanto que las perspectivas más o menos halagüeñas de nuestra integración en la Comunidad Europea dependen, sobre todo, del nuevo talante y de los comportamientos en la gestión, que han de pasar siempre por fórmulas de una cada vez más amplia cooperación.

Por otra parte, convencidos también de la necesidad de una estrecha cooperación europea en todos los planos, es preciso conocernos bien, empezando por el ámbito cultural que nos lleve, desde los valores del espíritu y con clara inquietud social, hasta las realidades económicas que interesan a la construcción de una Europa unida y solidaria con los demás países. Por lo tanto, al presentar con este prólogo el libro de Reinhard Mohn, presento también un libro que puede contribuir al necesario diálogo europeo en el común empeño de fortalecer Europa.

JESÚS DE POLANCO

INTRODUCCIÓN

Una voz desde el corazón de Europa

Los empresarios norteamericanos hablan de un buen juego global.

Sin embargo, muchos, si no la mayoría de los ejecutivos estadounidenses, continúan teniendo una visión etnocéntrica y local, por muchas vueltas que den en avión alrededor de nuestro planeta. Tres siglos de historia norteamericana, nuestro semiaislamiento geográfico y la amplitud de nuestro mercado interno contribuyen a hacer de los estadounidenses una nación de provincianos. De ahí que no resulte sorprendente que, en comparación con los altos ejecutivos empresariales europeos que se han educado con diferentes idiomas, monedas y culturas, muchos hombres de negocios norteamericanos se comporten de manera ingenua cuando salen de su país.

Es más, durante mucho tiempo la conciencia estadounidense de superpotencia creó la ilusión de que era mucho más lo que debíamos enseñar que lo que debíamos aprender con respecto al resto del mundo.

Esto se manifiesta no sólo en lo que nuestros ejecutivos hacen, sino también en lo que leen. Dejando aparte la extensa literatura de los académicos y los especialistas, vale la pena echar una ojeada al menos a ese especial y a menudo tan popular género de libros escritos por o acerca de grandes empresarios famosos.

El caso típico es la autobiografía del propietario de la Chrysler. Lee *Iaccoca*, escrita para él por William Novak. El *Iaccoca* llegó a ser lectura obligada sobre Dirección de empresas, aun a pesar de (o, quizás, en parte debido a) que él era el portador de la bandera de un proteccionismo que más tarde propició duros golpes al Japón. El libro ofrece una imagen poco relevante del Japón y manifiesta escaso interés por el resto del mundo.

Odisea, de John Sculley, el gran jefe ejecutivo de Apple Computer, que fue escrita por John A. Byrne, es un intento mucho más serio y teórico que refleja al menos una curiosidad pasajera sobre el mundo exterior a los Estados Unidos. Sin embargo, yo sólo conozco un único libro de un gran empresario no norteamericano que se puede encontrar en las estanterías de los empresarios estadounidenses. Se trata de *Made in Japan*, de Akio Morita de «Sony», escrito de manera admirable en colaboración con Mitsuko Shimomura y Edwin Reingold. Por supuesto, el libro de Morita profundiza mucho más que los otros dos en aspectos culturales de la dirección.

Y en el resto del mundo, ¿no hay grandes empresarios que tengan algo que decir? ¿No hay nada útil que aprender de sus experiencias en la creación de sus compañías?

Cuando los estadounidenses se abrieron, durante un breve espacio de tiempo, al exterior, se asieron a los «libros japoneses de dirección» como si éstos fueran a revelarles el secreto mágico del éxito en los negocios. El resultado fue una tremenda novedad, seguida de un rápido retorno a nuestra histórica preocupación por nosotros mismos.

Una prueba, quizás, de dicha obsesión por nosotros mismos, sea que Morita continúa siendo el único gran empresario japonés a quien los ejecutivos norteamericanos son capaces de reconocer por su nombre. Y tan sólo unos pocos podrían llegar a descifrar el significado de NEC, Nomura o Nippon Steel.

Y lo mismo se puede decir en lo referente a otros grandes imperios económicos, tales como Alemania o la Comunidad Económica Europea en conjunto. No conozco ninguna biografía o libro sobre Dirección de empresas escrito por un destacado ejecutivo empresarial europeo que no haya tenido amplia difusión. Tal es la razón por la que el libro de Reinhard Mohn, *Al éxito por la cooperación*, puede resultar de gran interés para quienes consideren que los norteamericanos pueden y deben aprender de los líderes del resto del mundo.

Sería un error suponer que los puntos de vista del señor Mohn son representativos de la Dirección de empresa alemana o europea, más de lo que los puntos de vista de Morita representan. Como en el caso de Morita, se trata de los puntos de vista de un individuo, no de la de Japón. Mohn es menos llamativo que *Iaccoca*, Sculley o Morita, y su libro es más un extenso ensayo que una narración personal. Pero no deja de ser una persona cuyas experiencias, que son las de uno de los grandes empresarios de nuestra generación, tienen el valor de un respetable examen crítico.

A primera vista, el lector de Mohn encontrará numerosas

actitudes, ampliamente compartidas en este lado del Atlántico, frente a los sindicatos, los gobiernos, el déficit, la redistribución de la riqueza, etc. (Dichas similitudes reflejan el alcance global de lo que podría denominarse la «ideología de gestión capitalista liberal», entendida liberal en un sentido más americano que europeo.)

Pero los lectores no deben quedarse con esta primera impresión. Por familiares que parezcan, en el contexto norteamericano, se trata de ideas sumamente originales.

No conozco ni una sola corporación americana que se rija por una explícita «constitución», similar a las que han sido escritas para las naciones. Ni una empresa estadounidense con unos estatutos que regulen la participación del personal en las reuniones de la dirección. La compañía del señor Mohn posee ambas cosas. No creo que existan muchas corporaciones capaces de disponer de un sistema tan ingenioso de uso del capital de los propios empleados.

No estoy sugiriendo que tales ideas pudieran o debieran ser adoptadas aquí. La forma de organizarse y de hacer negocios depende en gran parte de la cultura; y ello no es fácilmente transferible. Pero la toma de decisiones creativas depende del examen de una amplia gama de opciones, incluyendo nuevos y originales enfoques, seleccionando entonces entre ellos, o quizá combinando elementos en busca de nuevas combinaciones.

El escaso conocimiento, o incluso interés, por parte de los ejecutivos empresariales norteamericanos acerca de la manera de pensar de los ejecutivos extranjeros, reduce el número de opiniones útiles para nosotros. Y esto no sólo debilita a las empresas norteamericanas en la competencia internacional, sino en su propia adaptación a un futuro que se está gestando dentro de nuestra propia sociedad.

En Estados Unidos, las ideas verdaderamente novedosas sobre Dirección de empresas generalmente han procedido de campos limítrofes a la Dirección o de pequeñas o de nuevas empresas regidas por pequeños empresarios muy innovadores. La empresa que dirige Reinhard Mohn es una multinacional de 6.000 millones de dólares, con 42.000 empleados. Fundada en 1835 como una pequeña editorial de libros de religión y cantorales, constituye en la actualidad uno de los mayores conglomerados privados del mundo de los medios de comunicación, mayor que, por ejemplo, Time Inc. o CBS.

La compañía de Mohn, cuya oficina central se encuentra en Gütersloh (Alemania Occidental), recibe el nombre de «Bertelsmann Group». Ha sido descrita por Milton Moskowitz, en *El Mercado Global*, como un «complejo de clubes de libros y discos, publicaciones de libros y revistas, impresoras y editoras de discos y compañías de radio y de cine».

Los clubes de libros de Bertelsmann cuentan con 22 millones de miembros en 22 países. Bertelsmann posee el 75 por ciento de la compañía que publica *Stern* y otras diecinueve revistas en Alemania, así como el 25 por ciento de *Der Spiegel*. En Estados Unidos, Bertelsmann es el propietario, entre otras cosas, de la revista *Parents*, «Doubleday», una División de la «Bantam Doubleday Dell Publishing Group», que es una de las editoriales de mayor prestigio en el país, y la «Bantam Books» (mi propia editorial), una de las editoriales más grandes y más innovadoras del mundo.

Son el tamaño y el éxito de Bertelsmann, reconstruido virtualmente a partir de cero por el señor Mohn desde la Segunda Guerra Mundial, los rasgos por los que se aconseja prestar atención a lo que él dice. La clave de *Al éxito por la cooperación* estriba en la llamada de Mohn en el sentido de establecer una nueva cooperación entre la dirección y los empleados (más allá de las objeciones de los sindicatos, algunos de cuyos líderes aún contemplarían tal cooperación como una colaboración de clase). Él insta a los sindicatos, no a disolverse, sino a reestructurarse ellos mismos de cara al futuro, del mismo modo que lo están haciendo numerosas corporaciones.

Los sindicatos, sostiene Mohn, deberían volcarse en las crecientes demandas de sus afiliados en cuanto a autorrealización se refiere y afanarse en conseguir una codirección de las empresas.

«Los empleados de nuestras empresas nunca más se sentirán identificados si han de seguir instrucciones de una jerarquía de dirección anónima, que ni entienden ni aprueban. En el mismo sentido, no desean que los sindicatos continúen siendo sus portavoces...»

Los sindicatos se enfrentan hoy a su extinción, advierte Mohn. Pero, al mismo tiempo que se erige en crítico severo de los mismos, no contempla, en absoluto, con agrado, su defunción. De hecho, Mohn dice que «por razones de índole política, no podemos consentir que tal cosa ocurra».

En resumen, Mohn sostiene que los sindicatos deben revitalizarse, no sólo en atención a sus miembros, sino en atención a la democracia, en especial en un país de pasado antidemocrático como Alemania.

Asimismo, Mohn aboga con pasión por lo que él denomina una «economía social de mercado», y pone de manifiesto que ni las empresas ni la eficiencia económica son fines en sí mismos, sino que lo único que las justifica es el grado en que realmente sirven a la sociedad, como algo bien distinto de propósitos sociales más o menos retóricos. «Los objetivos de la dirección de empresa no pueden continuar reducidos a la maximización de beneficios, sino que tienen que estar en función de los intereses de la sociedad.»

La imagen de la economía como un predeterminado y predecible mecanismo newtoniano, de funcionamiento más o menos perfecto si se dejara a su libre albedrío, recibe poco apoyo por parte de Mohn. Al igual que la mayoría de europeos y japoneses, Mohn encuentra este modelo mecanicista de la economía demasiado simplista, pues en su opinión dicho modelo subestima la importancia de lo cultural, lo político, lo religioso, lo racial, hasta lo sexual y otras fuerzas o admite su existencia sólo si éstas quedan reflejadas en cambios monetarios.

Aunque arremete con fuerza contra la regulación estatal existente de los negocios, considera el modelo de Milton Friedman como una teoría «de la gente que no tiene ni idea de cómo funciona un negocio».

Como lector, yo no puedo estar de acuerdo con todo lo que Reinhard Mohn propone sobre Dirección, economía o política. Pero es precisamente por eso, en tanto que soy norteamericano, por lo que me parece útil leer su obra de forma crítica y con atención.

El modelo básico de Mohn sobre la corporación aún concibe a los inversores, a los trabajadores y al gobierno como los principales artífices. Pero este modelo tripartito nació en un momento en el que las sociedades industriales eran todavía sociedades masificadas en manos de instituciones profundamente centralistas que podían controlar poblaciones enteras o hablar en nombre de ellas.

La sociedad que emerge hoy, por el contrario, está desmasificada, fragmentada en miles de pequeñas entidades de cierta relevancia empresarial, muchas de las cuales se sienten alejadas de y mal representadas por sindicatos, gobiernos, o, en este sentido, intermediarios financieros y empresarios.

Un modelo político más moderno de la corporación, por consiguiente, debería incorporar también a estos nuevos (o, por lo menos, recientemente importantes) componentes, incluyendo a los consumidores, los usuarios, las comunidades locales, las instituciones generales, los reguladores ambientales, proveedores y a cualquier otro que pudiera resultar tan profundamente afectado por las acciones de la corporación como la tradicional teoría corporativista de los Tres Grandes.

Por otra parte, mientras la filosofía de los tres caminos parte de una perspectiva esencialmente tradicional, la producción en gran escala es de carácter cada vez más global; ello quiere decir que en nuestros días los grupos de poder clave en las corporaciones no sólo son numerosos, sino de carácter multirracial, multicultural y multirreligioso. Yo preferiría disponer de un modelo diferenciado que tuviera en cuenta los derechos y obligaciones de todos aquellos que no figuran ni en el sector de Trabajo, ni en el de inversores, ni en el Gobierno.

Los empresarios americanos no dudarían en apoyar estas insistentes llamadas a la reducción del gasto público y de la intervención estatal, así como a la disminución de la protección del individuo a través del bienestar social. Aplaudirán sus demandas en pos de un mayor compromiso y esfuerzo por parte de los empleados.

Pero antes de proclamar de forma estrepitosa estos sentimientos familiares, deberían considerar con especial cuidado el argumento de Mohn referente a que la empresa también necesita tener una concepción más amplia de sus funciones; como él mismo dice: «Una filosofía que conceda las mismas oportunidades de desarrollo personal a cada uno y garantice una razonable distribución de la riqueza, una participación en el capital de la compañía, conciencia social y una relación equilibrada entre los derechos y obligaciones.» O su argumento de que la corporación tiene el deber de «hacer todo lo posible por asistir a sus empleados en todo aquello que no esté debidamente cubierto por el Estado o los sindicatos».

De forma paralela a su pasado nazi, Alemania ha vivido una tradición humanitaria, una tradición de preocupación social y de compasión. En este libro, de uno de los más relevantes empresarios de la posguerra en Alemania, todos los rasgos expuestos adquieren un importante contenido.

Si los empresarios norteamericanos quieren triunfar en la economía mundial, necesitarán ampliar sus lecturas, empezando, quizás, por la presente.

ALVIN TOFFLER

PRÓLOGO

Relevancia de las estructuras sociopolíticas y económicas

Una reflexión sobre los desarrollos intelectuales, políticos y económicos del presente siglo pone de manifiesto que el cambio ha llegado a ser algo característico de nuestro tiempo. Más conocimientos, una competencia intensa y mayores aspiraciones de los seres humanos han impulsado un ritmo de evolución desconocido en siglos anteriores. Seguir el paso de tal evolución se ha convertido en un gran reto para la humanidad. La seguridad y la calidad de vida de los pueblos dependerán de su capacidad de acometer esta tarea. Todo aquel que crea que es posible evitar la competencia mundial entre sistemas y la competición en términos de rendimiento, se quedará atrás. Los pueblos involucrados tendrán que contentarse entonces con un margen de libertad más limitado y una menor calidad de vida.

El ritmo de la evolución de nuestro tiempo varía en función de los diferentes ámbitos de la vida. Depende esencialmente de la capacidad de los sistemas sociales de impulsar y estructurar el proceso de cambio. Este proceso se ve reforzado por la competencia en los rendimientos. No hay posibilidad alguna de evolución si los errores y el estancamiento no son corregidos mediante severas medidas. Las dificultades intelectuales, políticas y económicas asociadas con estructuras monopolísticas ilustran esta idea. Debe quedar claro que, de modo particular en nuestro tiempo, esa flexibilidad y el desarrollo de sistemas sociales de acuerdo con las necesidades humanas se han convertido en un prerrequisito para sobrevivir.

Los pueblos entienden sólo vagamente esta interdependencia. Su descontento se dirige, en primer lugar, contra los vestigios de estructuras anticuadas. Ponen en duda la capacidad de los líderes políticos y de la administración estatal. Se quejan de la escasez de oportunidades de autorrealización existente en su medio laboral. La anterior orientación religiosa y ética del ser humano ha sido remplazada por un vacío espiritual. Todo ello provoca la incertidumbre entre los pueblos acerca de si el progreso y los múltiples conocimientos y posibilidades de nuestro tiempo conducen realmente a una vida más digna para el hombre. Me gustaría presentar a continuación algunos ejemplos para alumbrar este análisis de la situación.

Nos sentimos orgullosos, con razón, de nuestro estado democrático. Este sistema político corresponde a la idea que el hombre moderno tiene de un Estado. Pero al mismo tiempo, y no con menos razón, criticamos la ineficacia de la organización en este sistema democrático. Mientras en la política no haya acciones contundentes ni gente cualificada y con visión de futuro, numerosos problemas quedarán sin resolver y no se podrán prevenir acontecimientos indeseables. No obstante, ¿es tal situación el resultado del ordenamiento democrático? ¿No deberíamos preguntarnos si una mejor comprensión de la democracia podría llevarnos a resultados más satisfactorios? ¿Son la deuda pública, la ausencia de una labor sistemática por parte del funcionariado, las técnicas anticuadas de dirección empresarial y la burocratización de la administración estatal realmente inherentes al sistema democrático?

Existe una respuesta clara a tales cuestiones: Se puede y debe mejorar la democracia. Ningún sistema social puede exigir ser sacrosanto o definitivo. Debe permitir que sean discutibles tanto sus objetivos como sus resultados. Y esto resulta válido también para el Estado democrático. Por supuesto, esto significa que serán puestos en tela de juicio hábitos y costumbres, pero no el orden democrático en sí mismo. Antes al contrario: el diálogo crítico sobre el sistema constituye un requisito básico para el mantenimiento de nuestra sociedad democrática.

Del mismo modo, me parece necesario efectuar una reflexión semejante en lo que se refiere a la justa aspiración del hombre a su autorrealización. Aquí, la falta de orientación ética en nuestros días es la causa de malentendidos y consecuencias fatales. Demasiado a menudo se identifica autorrealización con realización aislada de los propios intereses personales. La gente cree que es posible ignorar la dependencia natural del individuo con respecto a la comunidad. A diario observamos los resultados de tal actitud, que se manifiestan en forma de un egocentrismo creciente y de un egoísmo hostil a la comunidad. No hay sermón posible que oculte la falta de consideración hacia los demás de nuestro tiempo, ni el aumento de la soledad humana ni de la decepción. La gente no acaba de entender que ser miembro de una comunidad es algo intrínseco a la naturaleza humana y por ende acorde con su finalidad de desarrollo personal. En consecuencia, no resulta sorprendente que muchos individuos rehúsen acatar, de manera activa o pasiva, las leyes de la sociedad. No es nuestra intención volver a insistir en la importancia de la sociedad; sin embargo, la gente debería llegar a comprender que la autorrealización y la comunidad humana son términos interdependientes.

Ahora bien, ¿cuál es la autoridad que materializará esta idea? ¿Es el hogar, la escuela, la Iglesia, o se trata de los políticos? ¿De verdad creemos que los jóvenes pueden encontrar, sin ayuda de nadie, su orientación en la vida y en especial el lugar que les corresponde en la sociedad? ¿Deberíamos, en realidad, renunciar a toda orientación ética y filosófica?

La economía y el Estado nos facilitan ejemplos particularmente claros de la influencia de sistemas organizativos adecuados. En el terreno económico, los parámetros de la actividad empresarial han cambiado de modo decisivo desde el pasado siglo. (...) El alcance y el grado de dificultad de los problemas de hoy apenas si pueden compararse con las condiciones de antaño. Una competencia internacional sin piedad se encarga de provocar el desarrollo de técnicas laborales y sistemas organizativos. Se ha progresado a pasos agigantados. En lo que se refiere a la responsabilidad del Estado, los cometidos de éste han aumentado de la misma forma. Sin embargo, aquí apenas existen restricciones o sanciones ante actitudes erróneas, y como no hay además competencia alguna, no se generan las necesarias mejoras del sistema. De ahí los extremos inimaginables a que ha llegado la ineficacia de nuestro Estado. El descontento de nuestros conciudadanos se basa en razones bien fundadas. Muchos elementos de la dirección de gobierno y de las prácticas administrativas arrancan del siglo pasado. Fueron tan eficaces y progresistas en aquellos tiempos como inútiles resultan hoy en día. Sus consecuencias representan una pesada carga para la idea del Estado que el ciudadano del sistema democrático posee. Si en un futuro próximo no se concretan las consecuencias basadas en esta situación, existe el peligro creciente de que acabe poniéndose en duda la credibilidad del sistema democrático.

En otras palabras, para alcanzar el éxito en la época en que vivimos, la capacidad de organización de los sistemas constituye un factor decisivo. Lamentablemente, este hecho, por lo general, no se comprende. La inflexibilidad de nuestra manera de pensar y el apego a las viejas costumbres resultan peligrosos y conducen al fracaso. Ello es aplicable a todos los campos de nuestra cultura. Este libro se centra primordialmente en las estructuras organizativas dentro de una empresa económica. Las condiciones generales impuestas por el Estado y otros factores que también influyen, las normas laborales y empresariales, así como la actitud del propio Estado serán aspectos tratados en este libro en la medida en que influyen en el funcionamiento de la empresa.

UNO

Evolución de las estructuras políticas y económicas

Con motivo del 150 aniversario de la casa Bertelsmann, celebrado en 1985, tuve ocasión de reflexionar acerca de las razones de la continuidad de esta compañía. Verdaderamente, a lo largo de la historia de la compañía editorial no han faltado dificultades y peligros que han amenazado su existencia. Pero, en mi opinión, cada una de las crisis ha podido ser superada gracias a que los objetivos y la actitud de los editores de la casa Bertelsmann han obedecido siempre al intento por parte de los mismos de actuar con la máxima habilidad posible. Con certeza, estos hombres no actuaron sólo por dinero, aunque la lucha por la subsistencia muchas veces resultara realmente difícil para mis antecesores. Su trabajo se centró en las necesidades y el bienestar de los hombres de su época. Dedicaron sus esfuerzos a los lectores de sus publicaciones, a los ciudadanos de nuestra ciudad y a los trabajadores de la compañía. Su concepción del trabajo no fue destruida por guerras, prohibiciones o crisis económicas. Una y otra vez, su esfuerzo por ayudar a sus conciudadanos demostró ser una incesante fuente de fuerza. Los empleados de la casa respetaron esta actitud y en los tiempos difíciles se mantuvieron fieles a la empresa. La continuidad de la casa Bertelsmann se halla íntimamente ligada a tales vínculos humanos.

Fundamentos del pasado

Me parece que un firme fundamento ético para una compañía no ha perdido en nuestro tiempo su importancia. Es más importante para una empresa, incluso hoy en día, disponer de un conjunto de objetivos centrados en las personas que de instrumentos empresariales tales como el capital o las técnicas de dirección. Todo planteamiento empresarial debe partir de este principio ético. En la actualidad, además de unos objetivos éticos, son necesarias numerosas y diversas innovaciones de nuestros hábitos y mentalidades. Esto es válido también con respecto a nuestros sistemas productivos y métodos de trabajo. Y también debemos revisar las relaciones entre capital, trabajo y dirección. Ideas preestablecidas, como la de mantener la tradición de una familia en la Dirección de una empresa, han empezado a ser revisadas. Los sindicatos han de reconocer que la redistribución de la riqueza y la lucha de clases ya no conducen a ninguna parte. Los empresarios y los altos ejecutivos empresariales deberían concebir sus cometidos como los de mandatarios de la sociedad y no como derechos basados en la propiedad.

Numerosas transformaciones tienen que producirse todavía. Pero lo que parece ser un hecho es el reconocimiento de que unos objetivos claros y centrados en las necesidades humanas constituyen la mejor base para el desarrollo estable y con éxito de una compañía. Pongo de relieve la importancia de una base ética porque estoy plenamente convencido de que los sistemas de organización también deben corresponder al esfuerzo por alcanzar objetivos de máxima eficacia. Es preciso tener en cuenta y cumplir el principio de que los límites de los sistemas se encuentran allá donde los efectos de éstos atentan contra la naturaleza del ser humano. Los sistemas políticos, religiosos y económicos, aun actuando con las mejores intenciones, están condenados al fracaso si formulan al hombre exigencias que a éste le resulta imposible cumplir.

Importancia de la identificación y la motivación

Existe hoy en día otra premisa importante que, junto con las otras ya expuestas, debe tenerse en cuenta en la organización y la estructuración de las empresas. Con el fin de despertar la creatividad indispensable para el desarrollo del proceso laboral, es necesario que los empleados se identifiquen con las tareas que realizan. Asimismo, la predisposición a rendir en el puesto de trabajo depende de un modo decisivo de una motivación adecuada. En este sentido, resulta útil echar una ojeada a la estructuración de la sociedad democrática. El Estado democrático sólo es capaz de operar cuando alinea su política con la opinión de la mayoría de los electores. De forma análoga, esto significa en economía que las personas deben comprender y aceptar el sentido de su trabajo profesional, si desean que su empresa tenga éxito.

No siempre ha sido un criterio tener en cuenta la motivación de la gente para obtener el buen funcionamiento de un sistema. En el pasado fue posible mantener un sistema y conseguir que fuera eficaz durante largos períodos de tiempo gracias al empleo de la fuerza y la presión. Pero debemos tener en cuenta que fueron un nivel cultural relativamente bajo y una velocidad de cambio mínima en todos los sectores de la vida las premisas que hicieron posible la eficacia de tales sistemas. Estas condiciones ya no prevalecen en nuestro tiempo, y, en consecuencia, las estructuras autoritarias pierden importancia y eficacia. Como es lógico, un proceso de desarrollo como éste requiere tiempo.

Estas nuevas condiciones deben ser comprendidas y asimiladas. Una interpretación errónea de la tradición, la tendencia a aferrarse a costumbres adquiridas y la resistencia a aprender cosas nuevas, constituyen obstáculos considerables para el desarrollo de este nuevo proceso. En el caso de los directivos empresariales, por ejemplo, surgen problemas de índole humana, cuando, en el marco de la delegación de responsabilidades, hoy tan necesaria, tienen que ceder derechos adquiridos con grandes esfuerzos a otras personas o autoridades. Para el personal de dirección de una empresa tal renuncia por el bien y el éxito del conjunto supone un reto humano importante. Creo que para la mayoría de los empresarios resulta más difícil esta limitación voluntaria y consciente del uso del poder que, por ejemplo, conceder una participación a los trabajadores en los beneficios de su compañía.

Unos cuantos ejemplos contribuirán a explicar la necesidad de tener en consideración la naturaleza humana y su motivación. No voy a negar que los principios marxistas originales tuvieran, en sus orígenes, un carácter orientativo para los pueblos. Sin embargo, su concepción del ser humano fue muy poco realista. Ningún sistema social puede durar mucho tiempo si infravalora a la humanidad y reprime los instintos humanos innatos, tal y como el sistema de los países comunistas. Ésta es una de las razones por las que las economías planificadas están condenadas al fracaso.

Este sistema de organización, en teoría perfecto, falla porque desatiende la motivación del hombre, y, además, subestima por completo el grado de dificultad de la función de control.

En este contexto, la experiencia yugoslava de la autoadministración de su economía también resulta instructiva. En este modelo no sólo estaban presentes todos los inconvenientes de la economía dirigida; además, el sistema, fuertemente dependiente de procesos democráticos de decisión, era incapaz de formar y preparar élites de gerencia cualificadas. Vemos, pues, que los sistemas que han sido desarrollados a partir de una base predominantemente teórica, incluso animados por las mejores intenciones, a menudo desembocan en el fracaso, y las personas afectadas tienen que sufrir las lamentables consecuencias de ello.

Otro ejemplo que se puede comentar es el del aparato administrativo alemán: aquí las causas del conflicto entre una rígida organización y las demandas que debe atender son diferentes. Algunos de nuestros políticos y también la jerarquía estatal vigente parecen estar convencidos de que el principio de igualdad de todos los ciudadanos, que es ciertamente correcto, es contrario a la aplicación de técnicas de dirección modernas. Los principios de dirección referentes a la delegación de responsabilidades y los sistemas de incentivos basados en el rendimiento, no son muy conocidos en el ámbito estatal. Ello se refleja en la motivación, el rendimiento y la creatividad de nuestros funcionarios. Todo el mundo ve errores en el sistema sin poder remediarlos. Cada vez más se hacen las cosas sólo según establece la normativa o el reglamento, sin compromiso personal alguno.

Es cierto que, en un principio, fue correcto basar el trabajo de la Administración estatal en el cívico sentido del deber de sus funcionarios. Pero esta idea presupone condiciones relativamente estáticas, es decir, se ha producido un cambio lento en la forma de cumplir con las funciones burocráticas. Hoy no existen tales premisas. En nuestros días, todos los aspectos de la vida humana evolucionan a una velocidad vertiginosa. Los órganos del Estado también tienen que adaptarse a este hecho y desarrollar estructuras más flexibles. El tiempo dirá si nuestros ciudadanos valoran la burocracia estatal, que, pese a su aparente perfección, pronto seremos incapaces de comprender, más que la eficacia, la austeridad y la flexibilidad.

En una época de comunicaciones a nivel mundial, por primera vez es posible –y sumamente interesante– observar los resultados de los diferentes sistemas sociales. Quien lo haga, pronto se dará cuenta de que las estructuras sociales conservadoras, dogmáticas y centralistas no son capaces de responder a las demandas de este tiempo.

Todo sistema social que pretenda ser eficaz y tener continuidad, debe contar con la aprobación de la gente. Dicho de otro modo, tiene que reflejar las finalidades y la naturaleza intrínseca del ser humano. Y en este contexto deseo subrayar una vez más que los sistemas sociales nuncan tienen un carácter final. Han de dar respuesta a las demandas de su época y tener la correspondiente capacidad de adaptación a las mismas.

Una premisa importante de la capacidad de evolución de los sistemas consiste en una estructura social que favorezca los cambios y coloque a los ejecutivos cualificados en cargos de responsabilidad y dirección. Esto significa, en términos negativos, que las estructuras con orientación de futuro deben ser capaces de eliminar soluciones obsoletas o erróneas. Esto concierne sobre todo al personal de dirección que, en cualquier caso, constituye el factor decisivo para el éxito de cualquier organización. Demasiado a menudo vemos que la capacidad de las personas de adaptarse a nuevas situaciones es menor que la velocidad de la evolución.

De hecho, hasta ahora en la historia de la humanidad la evolución nunca había planteado un desafío tan grande. Con seguridad lo más cómodo es evitar la tendencia al cambio; cualquiera que conozca la naturaleza humana lo entiende. Pero esta actitud es poco realista. Claro que si no fuera necesario, no cambiaríamos las costumbres e ideas ya experimentadas; pero debemos tener valor para enfrentarnos a los hechos de nuestro tiempo y a su desarrollo. A menudo esto resulta difícil y a veces enojoso; pero, al fin y al cabo, también forma parte de la naturaleza del ser humano.

Cambios en las condiciones laborales del sistema económico

Desde una perspectiva actual, el siglo XIX se presenta como el momento de la fundación de la economía moderna. Los mayores conocimientos en las ciencias naturales y en procesos mecánicos de producción así como la vertiginosa expansión de los mercados hicieron surgir plantas productivas gigantescas. No obstante, el cometido empresarial aún era relativamente fácil en comparación con el de hoy en día. Personalidades de fuerte carácter y creatividad pudieron llevar por sí mismas y con éxito grandes entidades económicas.

La influencia correctiva de la competencia era pequeña y el factor trabajo era barato. Se pudo crear con rapidez el capital necesario gracias a fantásticos márgenes de beneficio y a cargas impositivas bajas. Sin embargo, y desde el punto de vista económico, incluso entonces la finalidad última de la actividad económica consistía en ofrecer servicios y productos a la sociedad.

No obstante, esta definición difícilmente habría correspondido a la autoconciencia de un empresario del siglo XIX, ni siquiera de principios del XX. En aquel entonces, el empresario entendía su trabajo como parte de su autorrealización. Quería crear, tener éxito y también ganar dinero, y apreciaba otros atributos resultantes de la culminación de sus ambiciones, tales como el poder y el prestigio. Es cierto que también entonces algunos empresarios fueron sensibles a la responsabilidad colectiva y social de sus actividades. Pero en la mayoría de las compañías, el factor trabajo sólo tenía una función sustitutiva de las funciones que aún no podían ser realizadas mejor mediante la mecanización. Imperaba la creencia de que para tener éxito, los costes laborales debían ser reducidos. Y de hecho, ¡esto se logró de forma alarmante!

Este análisis de la motivación y de las premisas laborales de una empresa quedaría incompleto sin un examen de las condiciones de vida del trabajador del siglo XIX, para quien un puesto de trabajo en la industria significaba un sueldo bajo y a menudo insuficiente. Quien no encontrara trabajo caía en un nivel de pobreza que en nuestra época, en la que existe una seguridad social, resulta difícil imaginar. El trabajador de aquel tiempo, en lo que a su vida profesional se refiere, probablemente no tenía otra motivación positiva que la de sobrevivir.

La influencia del recurso creciente a la tecnología y los

mercados en rápida expansión multiplicaron las consecuencias del sistema capitalista. Las empresas crecieron hasta convertirse en entidades de estructura gigantesca. La acumulación de capital y poder en la industria adquirió proporciones inmensas. Sin embargo, y a pesar del bienestar creciente, la posición del trabajador apenas había mejorado a finales del siglo XIX. Antes al contrario: las nuevas posibilidades de producción y la racionalización no aliviaron, sino que agravaron las condiciones de supervivencia del trabajador. La actitud inherente a la toma de conciencia por parte de los empresarios y la relación entre capital y trabajo condujeron al borde de una situación social prerrevolucionaria.

La influencia de la democratización

Únicamente gracias a la democratización de la sociedad en los países occidentales pudo producirse una transición hacia un proceso de cambio en la economía. Nuevos partidos políticos y los sindicatos, que se iban abriendo paso poco a poco, iniciaron un proceso de transformación que volvió a colocar a los pueblos en el centro de las actividades económicas.

Este proceso evolutivo, que conduciría al planteamiento moderno de la economía de libre mercado con un sistema de seguridad social, fue difícil y estuvo lleno de enfrentamientos. Pero tuvo éxito en el mundo occidental, en el sentido de que los principios básicos del sistema capitalista se mantuvieron, incluso en un orden social más humano. Se mantuvo el control de la producción y de la distribución en función de los principios de eficacia y rentabilidad. La dinámica de mercado dirigió la evolución de una forma pragmática y, al mismo tiempo, democrática. De este modo se desarrolló un sistema económico que combinaba humanitarismo y eficacia productiva, a la vez que mantenía su capacidad de seguir evolucionando bajo la presión competitiva.

Durante el mismo período de tiempo tuvo lugar este proceso, pero de manera totalmente diferente, en los países del bloque oriental europeo. Allí se introdujeron cambios en las viejas estructuras de poder, pero *de facto*, persistieron esas mismas estructuras en la centralización del sistema socialista de partido único. De esta forma apareció el capitalismo de estado y centralizado, esto es, la economía planificada.

Las autoridades del bloque oriental sólo lentamente van dándose cuenta de que su orden económico no es capaz de cumplir los objetivos para los cuales fue concebido. Empiezan a comprender que ni la creatividad, ni la disposición para esforzarse pueden obtenerse, a largo plazo, por decreto, y de que los dogmas políticos no pueden ser remplazados por incentivos. Por lo tanto, no resulta sorprendente que en todas partes se manifiesten tímidos indicios de reincorporación a su orden económico de las inclinaciones naturales del hombre. En este sentido, las naciones de Europa oriental tienen aún un largo camino que recorrer en lo referente a la toma de conciencia y asimilación de este nuevo modo de pensar. Incluso un siglo supone un breve espacio de tiempo para un proceso evolutivo de esta naturaleza.

En el Oeste, las condiciones de actuación de una compañía han variado de forma sustancial desde el pasado siglo. La libertad de decisión del empresario se redujo de manera considerable tanto a nivel interno como a nivel externo en el proceso de armonización. Paralelamente, se produjo una importante carga económica para la empresa, en favor de los trabajadores y del Estado. Estos costes y los resultados de la competencia redujeron el margen de beneficio en la economía. Es más, los intereses de la sociedad también empezaron a exigir una justificación pública de las actividades del empresario.

Tales desarrollos, y en especial la obligación de evolucionar impuesta por una competencia cada vez más dura, hicieron la tarea de dirección cada vez más difícil. Para no pocos empresarios, todo ello acabó significando una carga excesiva y la pérdida de su interés, debido a que, mientras, por un lado, se le exigía un esfuerzo cada vez mayor, por otro se iba perdiendo una parte esencial del atractivo inicial de su actividad: la posibilidad de crear un margen relativamente amplio de libertad.

El capital pierde parte de su influencia

En cuanto a la influencia del capital, las premisas también han cambiado. En general, se puede apreciar una tendencia a reducir los derechos derivados del capital. Una ojeada a la variada legislación social, fiscal y antitrust, lo deja bien claro. La legislación sobre el derecho de los empleados a participar en la cogestión se incluye también en este contexto. Al tiempo que la evolución de las condiciones laborales en la economía, que prosigue su desarrollo, crea una necesidad mayor de capital por parte de las empresas, resulta cada vez más difícil la generación de nuevo capital por parte de los propietarios. La carga fiscal sobre los beneficios, el patrimonio y las herencias consume parte importante del patrimonio heredado y dificulta la formación de otros nuevos. Así, pues, no es de extrañar que apenas haya empresarios o empresas familiares que puedan hacer frente a las nuevas exigencias financieras.

Ahora bien, las preocupaciones financieras del empresario no son necesariamente idénticas a las de su empresa. En nuestro tiempo existen muchas alternativas de financiación adecuadas y suficientes. Poco a poco, se va produciendo el cambio de sólo la financiación exclusiva de la empresa por la propiedad hacia otras firmas distintas. Los motores de esta evolución son, por un lado, la carga fiscal y, por otro, las crecientes necesidades financieras de las compañías. La comprensible resistencia humana del empresario frente al nuevo capital exterior va cediendo lentamente ante la necesidad de que su empresa funcione.

La disminución del derecho a mandar, que se basaba exclusivamente en la propiedad del capital, tiene graves consecuencias para la estructura social. Al fin y al cabo, el afán de obtener beneficios constituyó un elemento esencial del sistema capitalista. Si, por razones sociopolíticas, que son totalmente correctas, hoy en día se pretende un reparto más amplio del capital, tenemos que tomar conciencia de que ello puede suponer un deterioro del sistema capitalista.

La disociación entre capital y dirección presenta amplias consecuencias. La comunidad de intereses de los accionistas y la dirección de la empresa está disminuyendo de manera notable. Un ejecutivo que no es a la vez uno de los propietarios de la compañía, tiende a dar prioridad a sus objetivos personales. Así, por ejemplo, mientras el empresario definía el éxito de su trabajo esencialmente a través de los beneficios obtenidos, el ejecutivo empresarial de hoy, muchas veces, está más interesado en el volumen de sus ventas y su consiguiente reconocimiento público. Es cierto, sin embargo, que un ejecutivo cualificado es de mayor importancia para la empresa que la conservación de la tradición familiar. Ahora bien, tal argumento no reduce la preocupante disminución de la capacidad de control del sistema capitalista.

Por esta razón, me parece necesario reflexionar sobre en qué podríamos asegurar en el futuro el funcionamiento del capital y, por consiguiente, también el del sistema capitalista. En este sentido, las circunstancias actualmente existentes no sirven de gran ayuda. Así, por ejemplo, la representación del capital en la Junta General de una Sociedad Anónima ya sólo posee un significado formal, en el sentido de cumplir los requisitos impuestos por la legislación societaria. Pero, por supuesto, la verdad es que ello también atañe a un gran número de consejos de administración. A pesar de que la idea de la legislación alemana de Sociedades Anónimas prevé una división del poder en el vértice de la empresa, entre el Consejo de Administración (que posee todo el control) y el Consejo de Dirección (que se encarga de la gestión), lo cual es en verdad plausible desde el punto de vista de la dirección, la realidad es a menudo muy diferente. La Junta General anual (esto es, de los miembros del Consejo de Administración) elige sólo formalmente a sus representantes, es decir, a los consejeros. En realidad, los miembros del Consejo de Dirección, los miembros del Consejo de Administración y los propietarios de los derechos de voto llegan a un acuerdo sobre los puntos de estas posiciones mucho antes de que se celebre la Junta General. De forma análoga, progresivamente sólo personalidades gratas al Consejo de Dirección entran a formar parte de su órgano de control que es el Consejo de Administración. Vemos, por lo tanto, que se está perfilando una transformación de las reglas de juego de la Dirección que no tiene que ver ni con la legislación de sociedades anónimas ni con las reglas de juego del capitalismo.

Este problema también está muy extendido en los Estados Unidos de América. Allí, los errores de dirección graves en empresas importantes, con frecuencia hacen que surja la pregunta de si no deberían también tener sitio representantes públicos en sus aparatos de control equivalentes a nuestros Consejos de Administración. Esta alternativa es altamente cuestionable. Los miembros del consejo nombrados de esta forma sólo en muy contadas ocasiones tendrían la cualificación necesaria para tal cometido. Me parece que lo más apropiado sería la búsqueda de una solución que vuelva a capacitar al capital para reaccionar de la forma más adecuada.

Sospecho que lo más necesario es un Consejo de Administración independiente y cualificado. Ciertamente, los miembros de este órgano tendrían entonces que invertir mucho más tiempo y esfuerzo en su cometido del que en la actualidad dedican. Deberían ser elegidos en aras de la representación del capital, no sólo a título formal, sino también real. Para ello sería preciso volver a reflexionar acerca de la práctica actual del derecho de voto depositado y encomendarlo a los Bancos y a los fondos de inversiones. Por otra parte, deberían ampliarse las asociaciones de accionistas, así como la intervención de asesores en economía. Deberían ofrecerse al accionista más alternativas basadas en normas legales, para la representación de su derecho de voto cuando él mismo no pueda atenderlo en la Junta General.

Si, de esta forma, elegimos a miembros más cualificados para los Consejos de Administración y logramos que éstos lleven a cabo el trabajo de control de manera más apropiada, surgirá una buena oportunidad de que la influencia del capital se fortalezca de nuevo. Personalmente creo que la otra posibilidad imaginable (hacer que de nuevo funcione activamente la Asamblea General), especialmente en sociedades con gran dispersión de acciones entre el público, carece de futuro. Los esfuerzos de expertos, durante décadas, han llevado a resultados nada convincentes en este sentido. Por eso, me parece consecuente reflexionar sobre si, después de activar de modo apropiado el trabajo del Consejo de Administración, la Asamblea General no debe limitarse a la elección de los representantes del capital en el Consejo de Administración. Las pocas funciones realizadas hoy en día por la Asamblea General podrían ser mucho mejor desempeñadas por un Consejo de Administración cualificado. Una evolución como ésta me parece adecuada para revitalizar la influencia del capital en la Dirección y la política empresarial de una Sociedad Anónima.

Teniendo en cuenta el constante deterioro del papel del capital, deberíamos concentrar los esfuerzos en esa línea.

Nuevas exigencias para el empresario

En nuestro tiempo se han incrementado las exigencias, no sólo las que hacen referencia al control corporativo, sino también las que se hallan relacionadas con la Dirección de una empresa. Mientras que antes, en no pocas ocasiones, era decisiva la existencia de una cantidad suficiente de capital para obtener el éxito de una línea de acción, hoy en día el centro de gravedad se ha trasladado al personal de dirección. Dentro del ámbito de la Dirección, el grado de dificultad ha crecido hasta tal extremo, que solamente personas altamente cualificadas pueden corresponder a esta exigencia. En nuestro tiempo, esto se observa sobre todo en la mediana empresa. Únicamente la cualificación otorga el derecho a resolver los problemas, y ya no es la posesión del capital lo que justifica el derecho a dirigir.

Muchos empresarios que pueden acogerse a una larga tradición empresarial, se niegan a aceptar esta nueva situación. No obstante, se les ha dicho que ante sus intereses personales prevalece el mandamiento constitucional de nuestro Estado, que establece con toda claridad que la propiedad obliga. Y esto puede significar la necesidad de renunciar al derecho de una dirección familiar, en aras de la continuidad de la compañía.

Es posible que se lamente el inevitable distanciamiento entre la propiedad de capital y el derecho a dirigir. No obstante, no será posible mantener la unidad anterior. Y, por lo tanto, es mejor que reconozcamos las consecuencias del desarrollo y que nos esforcemos en favor de la evolución del sistema capitalista, en el sentido de volver a capacitar el factor capital para que pueda ejercer su influencia de manera adecuada.

El cambio de las premisas para la eficacia de la Dirección y el capital va acompañado de un análogo cambio radical en la postura del hombre ante su trabajo profesional. Del mismo modo que hoy en día los ciudadanos no quieren ser guiados sin más por los líderes políticos, sino que insisten en sus derechos democráticos de participación en la toma de decisiones, la postura del empleado en relación a su empresa ha cambiado. El trabajador ya no se considera un mero instrumento en manos del empresario. Espera también lograr cierta autorrealización en su trabajo profesional, tanto como en otros aspectos de su vida.

Mayores conocimientos, un superior grado de seguridad material y una calidad de vida antes desconocida han contribuido a esta autoestima característica de nuestro tiempo. El ciudadano de nuestro Estado va aprendiendo lentamente a hacer valer sus derechos y deberes democráticos. Una educación orientada hacia una mayor autonomía del individuo ha potenciado mucho los derechos de cada persona en nuestra sociedad. Es cierto que muchas veces la juventud percibe como un obstáculo las limitaciones necesarias a la libertad individual. Pero la gente va comprendiendo progresivamente que un cierto grado de limitación a sus aspiraciones personales es una premisa necesaria para la vida en comunidad.

Un análisis racional de todos los sistemas de valores que nos han sido legados acelera este proceso evolutivo ya en marcha. Llegados a este punto, ya no se aceptan tabúes. Se pone en discusión tanto la autoridad y la ley, como la religión y la moral. En la búsqueda de nuevas orientaciones espirituales antiguas y nuevas soluciones se van sometiendo a prueba. No obstante, en un balance provisional hay que hacer constar que hasta hoy no se ha perfilado una nueva orientación espiritual con solidez suficiente para asentarse en nuestra sociedad.

De todos modos, la gente desea decidir su propia vida cada vez más por su cuenta. Y aquí no sólo le importa el orden de sus intereses particulares; también anhela comprender y participar en las decisiones que determinan la evolución de la sociedad. Esta aspiración es, por una parte, resultado de la autoestima democrática y, por otra, el resultado de una época histórica que subordinaba por completo al individuo a la autoridad del Estado. Hoy en día, los ciudadanos quieren comprender por qué se esfuerzan, cómo se establecen los objetivos sociales y cómo se determinan los procedimientos que se deben seguir. Sólo están dispuestos a apoyar a alguien que sea capaz de convencerlos de que lo que hacen es correcto.

En el momento de valorar este enfrentamiento intelectual, no sólo deberíamos ver las dificultades obvias, sino también el gran potencial constructivo para la sociedad. Pues la búsqueda de un orden nuevo por parte del hombre también incluye su disposición para comprometerse. Si logramos conciliar las nuevas estructuras sociales y la concepción de la sociedad que tienen los ciudadanos, más centrada en la consideración de la necesidad humana, ganaremos en fuerza. El resultado de una evolución tal no sólo se manifestará en el nivel de vida, sino, sobre todo, en una mejora políticamente importante de la calidad de vida. Los nuevos órdenes sociales que deberán ser desarrollados a partir de la economía precisan de una gran disposición al consenso, mucha creatividad y considerable tiempo. Pero es que las soluciones en este ámbito tienen la misma importancia que los desarrollos de la ciencia y de la tecnología. En la economía nos hallamos, pues, frente a tareas estructurales nuevas, tanto en el terreno social como en la técnica administrativa.

En esta reflexión sobre el cambio de las condiciones laborales y de vida de nuestra economía, no debemos olvidar la reestructuración básica de los mercados. En el transcurso de nuestro siglo los mercados regionales se han ido uniendo hasta formar un mercado único, mundial. Este proceso todavía está en marcha. La política económica de las diferentes naciones, así como las direcciones de las empresas deben comprender rápidamente las posibilidades y consecuencias de esta evolución, si no quieren ser arrolladas por unas condiciones de mercado que han cambiado. Más conocimientos e investigaciones, más comunicación e intercambios de bienes unen hoy a países y continentes. Se van perfilando nuevas posibilidades en el reparto de funciones, en la cooperación y en el aprendizaje. La competencia internacional resultante no sólo afecta a las estrategias individuales de las empresas, sino también a economías enteras. No ayuda en absoluto la actitud de cerrar los ojos ante esta situación.

No se puede negar la creciente interdependencia de las economías nacionales. El reparto de funciones, por un lado, y la necesidad de cooperar, por otro, van aumentando. Desmarcarse de esta tendencia significa suicidarse desde el punto de vista económico; el aislamiento es imposible. En esta situación, para nuestra propia economía y para nuestras empresas sólo queda la posibilidad de seguir el paso a la evolución. Debemos tomar la iniciativa, trabajar de forma más creativa y esforzarnos por alcanzar posiciones de liderazgo en el mercado. El cambio permanente y su velocidad han llegado a ser condiciones básicas de nuestra existencia económica. Y al mismo tiempo, el éxito de nuestra economía va íntimamente ligado a las estructuras políticas y sociales de nuestras empresas. Aquí hay cosas por hacer que requieren soluciones urgentes.

Con diferentes ejemplos he intentado poner de manifiesto que las condiciones laborales han variado de forma decisiva en el ámbito económico. De ahí surgen nuevas premisas que deberán convertirse en bases para una nueva estrategia. Las propuestas que se hacen en los capítulos siguientes tratan de presentar los elementos para este nuevo concepto corporativo.

La futura importancia de la cuestión social

La historia ha conocido largos períodos de tiempo, en los que la sociedad apenas era consciente de los problemas sociales. Ciertas pautas de organización en las ciudades o de los

gremios crearon normas de conducta que hacían soportable
la vida humana. Hoy en día, con toda seguridad, no acepta-
ríamos los resultados de tales reglas de juego. Sin embargo,
debemos comprender que dentro de la sensibilidad de épocas
anteriores[1] tales pautas fueron aceptadas, por ejemplo, en el
taller de artesanía, en la granja o incluso en la familia. Y aunque no siempre satisficieran las necesidades humanas, resultaron apropiadas para el cumplimiento de su propósito.

La cuestión social sólo llegó a ser un problema, cuando,
como consecuencia de la industrialización, las estructuras
sociales existentes cambiaron de forma fundamental. Durante los primeros momentos de aquélla, la preocupación social del empresario fue muy inferior a la que habían manifestado las anteriores organizaciones gremiales. La calificación
del hombre en la industria como «factor trabajo» fue la característica de un grave error en la evolución. En muchos países,
esta situación provocó la reorganización revolucionaria. Los
partidos democráticos y los sindicatos fueron los iniciadores
de un orden nuevo con una responsabilidad social adecuada.
Este proceso ha durado un siglo y, tras duros enfrentamientos, ha dado lugar a destacables resultados. En muchos países
industrializados, el sentido de responsabilidad por parte del
Estado y de las empresas en el área de la política social se ha
desarrollado de manera satisfactoria. Es cierto que esta evolución no ha finalizado aún, que todavía no se ha llegado a
una solución definitiva. Nuevas condiciones de trabajo y
nuevas premisas sociales una y otra vez exigirán adaptacio-
nes. Pero, en general, no hay duda de que se ha conseguido
crear una red de asistencia social que aun en situaciones ex-
tremas ofrece protección suficiente al hombre contemporá-

1. Revolución industrial alemana, a partir de 1871. (N. del T.)

neo. Por ejemplo, las previsiones de enfermedad y de jubilación han sido reguladas por el Estado.

La lucha por una organización de nuestra sociedad adecuada a la época y a las necesidades humanas ha merecido siempre la mayor atención por parte de la política. Las reglas de juego de la democracia, influidas por la necesidad de conseguir votos, hicieron que la cuestión social no desapareciera del orden del día. Hoy es difícil imaginar un partido en las democracias occidentales que se niegue a asumir la responsabilidad social. Ello supone un cambio notable en comparación con la política de principios de nuestro siglo.

Solucionar la cuestión social siempre ha sido el fin último de los sindicatos. Este esfuerzo fue poco a poco incluyéndose en todos los aspectos del trabajo que afectaban, de alguna forma, al hombre. Los resultados del trabajo sindical, con respecto a la reorganización de nuestra sociedad, han sido equivalentes durante largos lapsos de tiempo a los obtenidos por los partidos políticos. La tradición de esta fructífera y socialmente meritoria labor debe ser reconocida.

Pero los sindicatos tienen que comprender que las premisas de su trabajo han cambiado de modo decisivo a lo largo de este siglo. Hoy el objetivo principal ya no es asegurar unas condiciones de vida dignas ni de cubrir las necesidades mínimas. Las condiciones más importantes para la existencia están aseguradas por el nivel de vida alcanzado y la red de seguridad social, aunque estas mejoras no sean lo bastante reconocidas por los creadores de opinión de los sindicatos. El orgullo de su propia tradición, el apego a maneras de pensar hoy caducas y la falta de creatividad y flexibilidad, caracterizan los actuales sindicatos.

Así, pues, no es de extrañar que esté disminuyendo el prestigio de los sindicatos entre la población trabajadora. En la misma medida en que el ciudadano está siendo mejor educado e informado en cuanto al funcionamiento de la economía y en cuanto a su posición en la sociedad, crecen sus dudas acerca de la política sindical. Incluso los mismos miembros de los sindicatos contemplan con actitud crítica algunos de los objetivos de su organización. Solamente algunos trabajadores consideran que el estilo de confrontación en caso de conflicto salarial es hoy el adecuado. En una época en que muchos desarrollos han equilibrado la sociedad, las reglas de juego de la lucha de clases ya no resultan convincentes.

En lo que se refiere a la política social, esta evolución ha desembocado en un disentimiento tal, que se convierten en materia de discusión hasta sus mismos fines. Si tenemos en cuenta su actual desarrollo, no debemos pasar por alto que el coste de la red de seguridad social ha crecido de manera extraordinaria. Los medios necesarios ya no son aportados por el antes combatido capitalista, sino, al fin y al cabo –y esto en nuestro tiempo lo ha asimilado todo el mundo–, por el mismo trabajador.

Los impuestos y las contribuciones sociales han alcanzado un nivel que, en general, se considera excesivo. La tentación de evitar esta presión impuesta por la comunidad es cada vez mayor; el trabajo sumergido, en permanente aumento aquí y en otros países, constituye una prueba de esta evolución. En una situación como ésta se debe formular y responder una pregunta sobre qué queremos y qué podemos esperar del Estado o de la comunidad en el ámbito de las prestaciones sociales.

También un público cada vez más amplio comprende en un grado cada vez mayor que el objetivo ya no es «tanto como sea posible», sino «tanto como sea necesario». Incluso la práctica probada de los políticos de hacer promesas generosas en el ámbito social durante la campaña electoral, ya sólo es aceptada de forma escéptica por los ciudadanos. Un número cada vez mayor de personas comprende los límites financieros del Estado y las consecuencias de la política de redistribución.

También la política de endeudamiento estatal en aras del gasto social y de consumo, aplicada durante décadas en numerosos países, más pronto o más tarde llegará a su fin. Algún día ya no se podrán incumplir las obligaciones financieras y económicas, y los ciudadanos, finalmente, comprenderán que, sean cuales sean, las exigencias sólo pueden ser satisfechas mediante la productividad económica. Por ello, es una necesidad imperativa definir la prioridad de lo social en una adecuada realidad económica y al mismo tiempo humana. La discusión de los partidos políticos se concentrará cada vez más en esta problemática.

Una nueva concepción de responsabilidad social

Cualquier búsqueda de posibles alternativas, debe basarse en nuestra actual situación económica y social. El análisis demuestra que la red de asistencia social existente satisface esencialmente toda demanda justificable. Exigir o dar cada vez más servicios por la simple fuerza de la costumbre no es aceptable desde los puntos de vista social y humano. Antes al contrario, el respeto hacia el hombre en tanto que persona que posee su propia libertad y su capacidad de decisión, resulta sensiblemente perjudicado si la idea del estado de bienestar se concibe en sus últimos extremos. En tal caso, la política «social» ya no se corresponde con la naturaleza y la razón de ser del hombre. Sus consecuencias bien intencionadas incluso dañarían al hombre. El objetivo de la política social no puede ser relevar al hombre de todo riesgo y responsabilidad. El afán de autorrealización y de desarrollo personal forman parte de la naturaleza del hombre, tanto dentro del mundo laboral como en cualquier otro ambiente.

El coste y las reglas de juego del estado de bienestar reducen la capacidad de la persona y de las empresas de enfrentarse a los nuevos desarrollos. No obstante, el potencial de nuestra sociedad de mejorar su nivel de vida y salir airosa en la competencia internacional se basa en la creatividad e iniciativa de nuestros ciudadanos. La supresión de estos impulsos humanos con ideas exageradas sobre las necesidades de los hombres no se llevará a cabo sin graves consecuencias negativas.

La definición correcta, es decir, humana, de la responsabilidad social de la comunidad deberá ser siempre objeto de diálogo. Sin embargo, en la actual situación hay que señalar con toda claridad que debemos tener cuidado en el sentido de no incrementar todavía más la protección social, como se ha venido haciendo hasta ahora. Es cierto que esta práctica es una costumbre apreciada por los partidos políticos debido a su eficacia electoral. Sin embargo, hoy en día carece de toda justificación. La solidaridad nos impone la ayuda a quienes no son capaces de ayudarse a sí mismos. Esta definición deberá guiar nuestra responsabilidad social en el futuro. Ahora bien, todo aquello que sobrepase lo dicho no merece el calificativo de «social», y es una irresponsabilidad impropia de un espíritu político orientado hacia el pueblo.

La sociedad actual ha de comprender que el alud de servicios sociales reprime cada vez más la responsabilidad del individuo sobre sí mismo, con lo cual disminuyen su libertad y sus perspectivas de autorrealización. Incluso hoy en día, los ciudadanos consideran que el nivel de impuestos y costes sociales es demasiado alto. Una carga excesiva perjudica la disposición del hombre hacia el trabajo y al final la destruye. El descontento frente al Estado aumenta, y el desvío hacia la ilegalidad está adoptando formas peligrosas. Y eso que, desde hace mucho tiempo, sabemos, de un lado, que los servicios de la previsión social de pensiones no pueden ser cumplidos y, de otro, que se abusa de algunos servicios sociales, como, por ejemplo, del sistema sanitario. Es preciso sacar consecuencias de esta situación para el futuro, en especial con vistas a una evolución que preserve la dignidad del ser humano en nuestra sociedad. Debemos tener el valor de definir nuevos objetivos. Éstos tendrán que contemplar tanto las necesidades del individuo como las de la sociedad. En este sentido, ya se han realizado algunos esfuerzos. De este modo, el objetivo sindical, propugnado desde hace años, de una mayor humanidad en el mundo laboral es correcto, aunque, por desgracia, aún no se le haya proporcionado un contenido razonable.

Hoy en día, una vez se ha logrado la protección social, hay que ampliar las posibilidades de autorrealización. Es éste el ámbito en el que existen grandes posibilidades para políticos y representantes de la Dirección y el Trabajo. El mundo de los negocios debería estar particularmente interesado en encontrar una solución. Una organización más humana de las empresas aumentaría de forma decisiva la productividad de nuestra economía. La solución de este problema podría tener la misma importancia en nuestra cultura que la que tuvo la solución de la cuestión social en el siglo pasado.

Ejemplos de política social en una empresa

La estructura de la *política social interna de la empresa* Bertelsmann AG[1] va a servir para ilustrar las afirmaciones anteriores con ejemplos prácticos. Las crónicas de la compañía dejan claro que los editores de esta empresa siempre se han sentido humanamente responsables con respecto a sus empleados. Mucho antes de que bajo el canciller Bismarck se elaborara una legislación social, en Alemania ya existían regulaciones al respecto en la casa Bertelsmann. El contacto personal permanente de la familia propietaria con los empleados y el interés en su bienestar, hicieron que aquellas situaciones críticas que no pudieron ser superadas por el individuo, fueran resueltas por la empresa.

Después de la Segunda Guerra Mundial se manifestó un nuevo aspecto en la política social de la empresa.

Junto a la consideración de su responsabilidad humana, se implantó un uso también social de los posibles rendimientos financieros, todo ello dentro de un marco de ayudas sociales. De este modo, la participación de los empleados en los beneficios, a principios de la década de 1950, no se debe interpretar sólo como una medida social. Este reparto de dividendos, que abarcaba casi todos los beneficios, fue puesto otra vez a disposición de la empresa en forma de préstamos como ayuda financiera de los empleados. El derecho a disponer de dichos préstamos únicamente se ejercía en caso de jubilación.

Fue así como se logró financiar la reconstrucción de la compañía, en una época en la que la empresa apenas podía

---

1. AG significa «Sociedad Anónima». *(N. del T.)*

generar capital propio y no se podían obtener créditos, a causa de la legislación fiscal. Es cierto que estas medidas también tuvieron efectos sociales. Sin embargo, el interés financiero absolutamente legítimo de la empresa, en honor a la verdad, también debe ser mencionado.

La regulación de la participación de los empleados en los beneficios hoy en día vigente, parte de que la satisfacción de las necesidades básicas de los empleados queda cubierta por la nómina y el salario, y la del capital por una tasa de interés que corresponde al interés habitual en el mercado más una prima de riesgo. Si después de descontar estos gastos del resultado de la empresa queda un beneficio, se parte en dos, a favor de empleados y capital. Aquí, el criterio de asignación de dividendos para los empleados son sus ingresos anuales.

Los ingresos de los empleados por la participación en los beneficios se invierten en la empresa como capital sin voto[1], cuyo rendimiento depende de la cuenta de resultados. En una situación normal de ganancias de la empresa se obtendrá un rendimiento del capital sin voto de alrededor del quince por ciento. Es posible la venta de estas acciones en la bolsa.

Dejemos a un lado la cuestión de si la participación en los beneficios y la formación de patrimonio (establecidas en nuestra casa hace quince años) deberían incluirse entre las medidas sociales. Seguramente, debido a su volumen, ambas proporcionan una protección financiera adicional importante para nuestros empleados. No obstante, la idea básica de esta regulación parte del objetivo de una mayor igualdad material en la distribución de riqueza. En el uso convencional del idioma, esto puede entenderse como una medida social. En la compañía Bertelsmann hemos llegado al acuerdo de

---

1. Para mejor comprensión de este concepto, consúltese el Anexo.

abordar en la política social de la empresa aquellos problemas que el individuo no pueda resolver de manera adecuada por sí mismo.

A pesar de todo, debe ponerse de relieve el efecto de la participación de los empleados en los beneficios y en el capital de la empresa, pues en el caso de permanencia durante muchos años en la compañía, los resultados de dicha participación superarán de manera considerable los beneficios de nuestra regulación de pensiones. La empresa, por supuesto, también acoge con satisfacción el efecto de identificación del empleado con su compañía, que se ha manifestado debido a esta participación. Una motivación positiva en la labor profesional posee un elevado valor, tanto para el individuo como para la empresa.

Se tomaron en consideración planteamientos parecidos cuando se elaboró la estructura del plan de pensiones. Se aumentó notablemente la provisión para el plan de pensiones que ya existía antes de la guerra, de manera que las pensiones de los empleados supusieran el doble de la media de otras prestaciones de la empresa. De conformidad con esta medida, la empresa tuvo la oportunidad de generar cuantiosas provisiones para el fondo de pensiones, provisiones que también resultaron útiles para la financiación de la propia compañía.

Sin embargo, durante la elaboración de la estructura del plan de pensiones, siempre se evitó sobrepasar su finalidad social. La empresa opinaba que un jubilado no debía recibir una remuneración superior a la de un empleado en activo. De acuerdo con esta opinión, hay normas en la estructura del plan de pensiones de Bertelsmann que delimitan el pago de las mismas.

Las provisiones destinadas a pensiones hoy en día ascienden más o menos al veinte por ciento del balance de la Bertelsmann AG, es decir, al doble de la media de la industria alemana. Después de que, hace unos años, la legislación decretara el ajuste inflacionario para las pensiones empresariales, se puede suponer que a largo plazo la provisión empresarial para pensiones será reducida de forma notoria. Así, pues, con toda probabilidad, el resultado final de una medida pensada en favor de los pensionistas tendrá un efecto no social.

Si al mismo tiempo los ingresos de la participación en los beneficios se incluyen en el seguro para la vejez, las pensiones que recibirán los empleados una vez se hayan jubilado serán las que exponemos a continuación:

Pensión estatal:	63 % del último salario neto
Pensión empresarial:	25 % del último salario neto
Participación en beneficios (como renta):	25-100 % del último salario neto
Pensión total:	113-188 % del último salario neto

Este cuadro demuestra hasta qué punto los empleados están protegidos durante su vejez en una empresa con espíritu de cooperación participativa.

En este contexto, los resultados de nuestro seguro empresarial de enfermedad también son notorios. *La tasa media de aportación de los seguros de enfermedad públicos en la actualidad asciende a alrededor del 12,6 por ciento del importe de nómina o sueldo. La tendencia de la tasa de aportación es ascendente. En nuestros días, en la casa Bertelsmann esta tasa es el 8,6 por ciento del importe de nómina o sueldo. Ello está influenciado por el concepto de responsabilidad cooperativa, en su uso frente a todos los involucrados. Tanto empleados como empresa comparten esta ventaja del coste reducido*[1].

Quizás habría que mencionar también dentro del marco de las medidas sociales las importantes inversiones que la empresa ha destinado a la formación de los empleados. Nuestros programas también en este campo superan la media normal. La mejor cualificación profesional conseguida hace referencia tanto al individuo como a la compañía.

Como no todas las vicisitudes en la vida del individuo pueden ser respaldadas por una regulación adecuada, la empresa también ha introducido diversos fondos de emergencia. Dichos fondos son administrados por los consejos de empleados y permiten ayudar oportunamente en situaciones anormales.

Las acciones de la empresa en el ámbito social son tratadas con todo detalle en la Memoria Anual. De esta forma se garantiza a los empleados y al público que puedan ratificar la orientación de la empresa. En el informe colaboran los consejos de empleados.

En nuestra opinión, el concepto de «solidaridad» forma parte de nuestro punto de vista social. En Bertelsmann la solidaridad de todos los que allí trabajan siempre ha sido muy activa en lo referente a responsabilidad de cada uno para con los demás y para con el trabajo. El comportamiento y el estilo de vida de las familias propietarias expresan esta actitud del mismo modo que los empleados siempre han demostrado para con su empresa en las situaciones críticas.

---

1. El sistema alemán de Seguridad Social reparte todos los costes en partes iguales entre empresa y empleados. *(N. del T.)*

En el extranjero, en donde la casa Bertelsmann está fuertemente comprometida a través de empresas propias o de participaciones, muchas regulaciones de ámbito social probadas en Alemania no se pueden poner en práctica. Desarrollos culturales y sociales diferentes en cada país impiden una transferencia sin más a la iniciativa privada de lo que son regulaciones sociopolíticas. Sin embargo, la compañía también se esfuerza por llevar adelante los principios de un método de trabajar orientado al ser humano y socialmente responsable en sus filiales del extranjero. Ello es así debido a nuestra convicción de que el trabajo ha de servir a la humanidad, y, por lo tanto, también a cada empleado. Además, sabemos que un enfoque humano y socialmente responsable de una empresa conduce a mejores rendimientos y aumenta, no sólo la calidad de vida sino, de este modo, la predisposición al esfuerzo por parte de los empleados.

Si se considera la evolución de la política social convencional hacia su actual cometido en el mundo laboral, probablemente también deberían citarse actuaciones con respecto a las técnicas de Dirección. La definición que nosotros hemos elegido de la responsabilidad social como ayuda en una situación en la que el individuo no puede ayudarse a sí mismo, podría, después de todo, extenderse y cubrir el objetivo de autorrealización en la vida profesional. Pero como tal concepto social sobrepasa de forma considerable las definiciones habituales, no quiero entrar aquí en el tema de la inclusión de técnica de dirección en la política social de la empresa.

La empresa Bertelsmann ha derrochado durante las décadas pasadas esfuerzos en medidas sociales que, con toda seguridad, estuvieron muy por encima del término medio. En relación con los fines empresariales anteriormente citados,

resulta un saldo bastante positivo en conjunto. Los empleados de nuestra casa están considerablemente mejor protegidos desde el punto de vista financiero que los de otras muchas compañías. La empresa pudo lograr una estructura
financiera sana, aun a pesar de su extraordinario crecimiento.
Gracias a su política social, la estructura interna de la empresa es estable, lo cual minimiza los conflictos y genera una
enorme creatividad y predisposición al esfuerzo por parte de
los empleados porque éstos se identifican con la empresa. De
esta forma, Bertelsmann puede hoy en día afirmar con satisfacción que las inversiones en soluciones de orientación humana que ha realizado desde el final de la Segunda Guerra
Mundial han sido las correctas.

La actitud de los empleados en relación a la empresa
queda reflejada en las encuestas realizadas con intervalos de
varios años. Voy a citar los resultados de la última encuesta
de empleados realizada en 1987:

–Únicamente el 3 por ciento no está satisfecho con los
servicios sociales.

–A solamente el 3 por ciento de los empleados no le
agrada su trabajo.

–Solamente el 6 por ciento no volvería a ir a Bertelsmann[1].

Las encuestas periódicas de empleados conceden una
buena oportunidad a la empresa para verificar su política social y, en caso necesario, corregirla. El hecho de que en nuestra empresa las condiciones ambientales del lugar de trabajo
y el estilo de cooperación sean considerados más importantes

---

1. Cifras actualizadas para esta edición. *(N. del T.)*

que el importe del sueldo, da una idea de la relación de los empleados con su empresa. Este hecho constituye también un indicio del cambio que ha tenido lugar en la política social dentro de la actividad empresarial.

DOS

Consecuencias del cambio en nuestra Sociedad

Los objetivos empresariales en el pasado

En los siglos anteriores se reflexionó relativamente poco sobre los sistemas y la organización de la economía. La actividad económica tenía un carácter más bien regional y satisfacía las necesidades de los hombres en la periferia inmediata a sus hogares. La influencia del comercio que rebasaba esos límites territoriales era pequeña. Las estructuras económicas respondían a estas condiciones y tenían en cuenta la necesidad de la división del trabajo. Formas empresariales típicas fueron los talleres de artesanía, el comerciante y el granjero. En aquel entonces, un hombre capaz y con iniciativa podía fundar y dirigir con éxito una empresa de este tipo. El grado de dificultad del trabajo era aún bajo. De esta forma fue posible mantener la tradición familiar en las empresas durante siglos. Una evolución social y económica lenta, de un lado, y unos ideales de conducta forjados en el transcurso del tiempo, de otro, conservaron el *status quo*. En el marco de este orden sólo se tenían en cuenta las necesidades humanas y sociales absolutamente necesarias para los empleados. La influencia de normas de conducta impuestas por la política o la Iglesia también tenía su efecto en las negocios.

Es muy probable que el impulso inicial de los hombres que organizaron empresas como éstas surgiera del afán de enriquecerse. Desde el punto de vista de la sociedad, poco se podía objetar a esto, considerando la dimensión de las empresas y la concentración de capital que se producía. Seguramente, aun entonces más de un maestro artesano habría comprendido su responsabilidad social, por ejemplo, frente a su clientela y su ciudad. Mas no deberíamos sobrevalorar estos motivos. En caso de duda, las normas de los gremios, referentes a precios y calidad de los productos, velaron por una actitud económica en concordancia con las necesidades de la sociedad.

En este mundo relativamente sano, no había una necesidad imperiosa de una regulación estatal. Sin embargo, como en todas las épocas, los intereses del Estado estaban centrados en recaudaciones tributarias de la máxima cuantía posible; los gremios se encargaban de proteger a sus grupos de interés. Entonces no se podía hablar de un conflicto socialmente importante entre los factores Capital y Trabajo. Incluso entonces, el proceso económico estaba dirigido por el afán de ingresos y por la propiedad del capital; la competencia, no obstante, sólo ejercía una influencia menor en la gestión. Para el propietario de una empresa, ganarse la vida era la fuerza de mayor empuje. Una riqueza modesta aseguraba una mayor seguridad personal, más libertad y mayor prestigio. Los empleados de tales empresas tenían fundamentalmente los mismos fines. Ahora bien, en primer lugar tenían que ganarse el pan de cada día. Un aprendiz no podía esperar un fuerte ascenso, más allá de asegurar su existencia, a menos que se independizara.

En el siglo XIX, la industrialización produjo cambios drásticos y decisivos en las estructuras del orden social y económico. Nuevos sistemas de producción y mercados en expansión crearon las condiciones adecuadas para tener posibilidades de generar grandes beneficios. El tamaño de las empresas y la concentración del capital adquirieron dimensiones desconocidas hasta entonces. Un desarrollo económico relativamente liberal, apenas influenciado por conceptos estatales de orden, condujo a gigantescas concentraciones de capital en manos de unos pocos. En una polarización dramática, a partir de un orden social desarrollado en el transcurso de siglos y estructurado en gremios emergió la sociedad de clases.

Esta evolución no podía ser controlada por medio de medidas estatales. La explotación despiadada de todas las posibilidades, en combinación con el poder apenas controlado de los empresarios, provocó problemas sociales considerables. No obstante, el sistema económico no corrigió esta evolución por sí mismo. No sería hasta mucho después cuando los partidos políticos y los sindicatos forzaran la aceptación de estructuras sociales más humanas. Dentro del marco de esta violenta evolución, se reflexionó sólo de forma insuficiente sobre el papel de la economía en general y sobre los fines que tenía cada empresa en particular. De ahí que la idea de que el principal objetivo de una empresa es la maximización de sus beneficios se haya podido mantener en muchas mentes hasta nuestros tiempos. Antes del inicio de la industrialización no había críticas socialmente importantes frente a una definición tal de la finalidad de las empresas. Sólo cuando se produjo el fracaso de las estructuras sociales hasta entonces vigentes surgió la pregunta de si había necesidad de redefinir las finalidades y las actitudes en el ámbito de las empresas.

Fue en esta situación donde surgieron las teorías del marxismo acerca de la colectivización de la propiedad y la economía dirigida. En las democracias occidentales se percibieron los nuevos problemas; pero no hubo una respuesta que asociara el conflicto principal a propiedad y responsabilidad. Los autores de la Constitución de la República Federal de Alemania seguramente comprendieron que la estructura de la economía privada, junto con el sistema competitivo de un mercado libre, era capaz de rendir a alto nivel, pero que no era necesariamente justa. Por aquel entonces se autocomplacían con la afirmación de que la propiedad obliga.

Precisar la definición de este deber como responsabilidad debería concebirse como el cometido de nuestro tiempo. Tan sólo una definición correcta de la autoconsciencia y de la finalidad de la empresa a largo plazo garantiza el éxito y la seguridad de una empresa. Quizá sea esta orientación la lección más importante que debe aprender la economía en nuestro tiempo: la correcta valoración de la empresa, de sus fines y de su conducta dentro de la sociedad.

El Estado ha impuesto unas condiciones generales de economía y ha permitido que la empresa, dentro de la economía de mercado, persiga sus intereses individuales. Los resultados del sistema de economía de mercado hablan, en esencia, a favor del mantenimiento de tal orden económico. Pero, igual que la sociedad de entonces tenía que comprender que la evolución hacia una sociedad de clases llevaba a un callejón sin salida, nosotros hoy en día tenemos que reflexionar sobre qué ámbitos y de qué manera hay que continuar desarrollando las estructuras actuales de la economía y la sociedad. Cuando se observa que para muchos empresarios y directivos el fin máximo y último de la empresa consiste aún en la maximización de sus beneficios, hay que manifestar claras reservas. El mandamiento de la Constitución alemana de tener presente las obligaciones de la propiedad es considerado sólo de manera insuficiente. Así, pues, no es de extrañar que la empresa en la actualidad, tanto por su actitud como por su finalidad, vuelva a estar expuesta a críticas. Pero, al mismo tiempo, demasiado a menudo se pasan totalmente por alto las verdaderas ventajas del sistema de economía de mercado. Se valora demasiado a menudo el orden económico existente por la actitud errónea de algunas personas y, por supuesto, también por algunos malos resultados que ha habido.

El desarrollo de los nuevos fines empresariales

Durante las primeras décadas inmediatamente posteriores a la Segunda Guerra Mundial, los grandes éxitos innegables de algunos empresarios y del sistema de la economía de mercado no permitieron la aparición de crítica alguna; actualmente estamos frente a una crisis distinta de la economía. Una competencia internacional dura y dificultades importantes para la actividad empresarial no sólo han llevado al estancamiento, sino también el desempleo. Éste, durante tanto tiempo desconocido, apunta graves problemas. Y ello convierte en algo fundamental la discusión sobre la pregunta de si nuestro concepto de la finalidad de la empresa realmente corresponde a las necesidades de época. Por un lado, queremos mantener las ventajas de la economía de mercado; por otro, se debate la protección de los intereses de grupo en detrimento de la función empresarial. Apenas se toman en consideración las posibles mejoras del sistema actual y el ajuste de los conflictos. El apego a situaciones de prevalencia de la propiedad y el intento de anteponer los intereses personales constituyen actitudes tan perjudiciales como la ignorancia de los hechos o la inmovilidad mental. Si se comprendiera la importancia y la urgencia de los cometidos sociales frente a los que nos hallamos, seguramente sería posible encontrar soluciones. De todas formas, algunos ejemplos de organizaciones empresariales más orientadas a la persona y más prácticas se pueden encontrar, ya, en bastantes países.

En primer lugar, hay que definir de nuevo los objetivos de la empresa. Aquí podría ser útil recordar que, después de la última guerra mundial, tanto el CDU como el FDP[1] votaron con gran decisión en favor de la economía de mercado. La probada eficacia de este sistema, así como la consideración de los intereses de los consumidores, hacen que se prefiera este orden económico a la economía dirigida. Las libertades concedidas en el marco de nuestro sistema económico, pero también los límites impuestos por éste, van, al fin y al cabo, dirigidos a garantizar que se cubran las necesidades de la sociedad. Seguramente ha habido razones válidas para mantener dentro del sistema los impulsos innatos del hombre, tales como el de enriquecimiento y el de libertad creadora propia. Sin embargo, si estos logros humanos hacen peligrar la viabilidad del sistema, habrá que provocar una actitud que genere comportamientos que se hallen de acuerdo con las necesidades de la sociedad.

1. CDU = Unión Democristiana, FDP = Partido Liberal Alemán.

Dada la evolución de nuestro orden económico, el foco siempre será un compromiso entre la eficacia y el sentido humanitario. Hasta ahora no se conoce en nuestro mundo un sistema que aúne ambas finalidades y funcione sin problemas. El compromiso y la constante restricción de los límites a la libertad del individuo tiene su razón de ser en este sistema. Los extremos, procedentes de dogmas, entre la libertad absoluta y una economía dirigida en apariencia perfecta, según nuestra comprensión actual de los fenómenos, conducen a resultados no deseados. Vivir con esta contradicción resulta enojoso y difícil. Sin embargo, no parece haber otra alternativa mejor.

Si nuestra sociedad, sobre todo en el dominio de la economía, se decidiera a definir que la máxima finalidad de las empresas es su contribución a la sociedad, entonces habríamos avanzado en buena medida en el proceso de adaptación necesario. En caso de controversias quedaría claro que el éxito de la empresa tiene que prevalecer frente a intereses particulares. De otra parte, tal interpretación del cometido de la empresa también incluiría a los miembros de la compañía. Si una empresa tiene que esforzarse en primer lugar para contribuir a la sociedad, ello no puede referirse exclusivamente a la producción que hace o a los servicios que presta; su actitud para con sus empleados también constituirá un factor decisivo en su valoración.

Las estructuras del estado democrático se centran en la autorrealización del hombre. También la empresa tiene que contribuir a este propósito. La optimización de la contribución de una empresa no significa, pues, la no consideración de los intereses de Capital y Trabajo; más bien se trata de aprender a centrar en el hombre todos los procesos económicos. Esto afecta tanto a los intereses de la sociedad como a los de los empleados. De tal concepto de la finalidad empresarial se deben derivar estructuras sociales adecuadas. Y esto es válido tanto para la necesidad de eficacia empresarial, como para la consideración de las necesidades de la persona en el trabajo.

La misión de la Bertelsmann AG

Me gustaría ilustrar las anteriores reflexiones generales con unos ejemplos tomados de la práctica de la Bertelsmann AG. En esta empresa la obligación de la propiedad frente a la sociedad se manifiesta en su esfuerzo por resolver necesidades sociales y distribuir la riqueza. La finalidad de la empresa se define claramente en el preámbulo de su constitución empresarial como una contribución a la sociedad. El equilibrio entre los intereses del Capital y del Trabajo y la armonización de sus exigencias competen a la Dirección. La financiación se produce cada vez más mediante aportaciones de capital de los empleados. Los accionistas se contentan con dividendos relativamente bajos. Por esta razón la Bertelsmann AG dispone de mayores posibilidades de subvencionar la Fundación Bertelsmann. Esta fundación, de acuerdo con sus estatutos, tiene cometidos de interés y bienestar general. Al mismo tiempo, el «saber hacer» adquirido dentro de la empresa consigue efectividad gracias a las aportaciones financieras. El cumplimiento de la exigencia constitucional según la cual «la propiedad obliga»; de este modo, ha experimentado varias formas de expresión en la compañía Bertelsmann. Sus resultados son aceptados interna y externamente y contribuyen a mejorar los rendimientos de la empresa.

Fines de la Bertelsmann AG

1. La empresa ha de aportar la máxima contribución posible a la sociedad. Todos los intereses de grupo están subordinados a este fin.

2. Tiene que posibilitar la autorrealización en el trabajo de todos los empleados de la compañía. Es competencia de la Dirección de la misma garantizar la organización interna necesaria para ello y armonizar los conflictos de intereses.

3. La empresa ha de obtener beneficios con el fin de garantizar su existencia y los puestos de trabajo. Las ganancias se destinan a formación de nuevo capital, al pago de dividendos y a la participación de los empleados en los resultados.

4. La empresa debe apoyar al Estado en sus funciones mediante el pago de impuestos.

La Constitución empresarial de la Bertelsmann AG (página 145) contiene una formulación más concreta de este tipo de objetivos...

La Fundación Bertelsmann

Del mismo modo que muchas ideas vigentes en la casa Bertelsmann poseen fundamentos económicos y una base sociopolítica, el establecimiento de la Fundación Bertelsmann ha de ser contemplado desde ambos ángulos. Su finalidad dominante fue, con toda seguridad, asegurar la continuidad de la empresa. De acuerdo con los contratos actualmente en vigor, la Fundación se encargará un día del patrimonio de la familia Mohn y, de esta forma, garantizará la continuidad financiera, que ya nunca más será gravada por impuestos de sucesión.

Pero por razones de dirección y gerencia, será transmitido a la Fundación tan sólo el patrimonio de capital, no los derechos de voto normalmente ligados a éste. Estoy convencido de que el mecanismo legal de una fundación filantrópica resulta menos adecuado en cuanto al éxito de la dirección de una empresa[1]. Por consiguiente, esta función es transferida a la «Bertelsmann Vermögensverwaltungsgesellschaft mbH»[2], cuyo círculo de socios, de acuerdo con sus estatutos, se compone de miembros con experiencia gerencial probada.

En este contexto, conviene decir que las participaciones de la Bertelsmann AG que no pertenecen a la familia Mohn serán transferidas, con intención parecida, a la Fundación Zeit por el doctor Bucerius, propietario del periódico semanal *Die Zeit*. Así, llegará el día en que dos fundaciones filantrópicas serán, aparte de los empleados con participaciones, los representantes del factor Capital de la casa Bertelsmann.

La Fundación Bertelsmann inició sus actividades de promoción –que también son internacionales– en 1977, tal y como consta en sus estatutos (véase página 51). Los medios necesarios son aportados ahora por la Bertelsmann AG. El presupuesto anual asciende a unos once millones de marcos alemanes (alrededor de 715 millones de pesetas)[3]. La estructuración de los órganos de gobierno de la Fundación se desarrolla de acuerdo con un plan determinado y no ha concluido

1. Para mayor comprensión de este concepto, consúltese el Anexo.
2. «Sociedad limitada para la administración del patrimonio Bertelsmann». *(N. del T.)*
3. Cifra actualizada para esta edición (1988).

todavía. La actual ampliación de proyectos de promoción y de los recursos personales se ha de interpretar como preparación para el día en que, como anteriormente se ha dicho, la Fundación se encargue de gran parte del capital de la Bertelsmann AG, y, con ello, disponga de medios presupuestarios mucho mayores. Sólo un equipo con experiencia, desde el Consejo de Administración, pasando por una Dirección empresarial hasta llegar a cada empleado, puede revolver de manera adecuada tan difícil tarea.

La Fundación Bertelsmann pretende no sólo promocionar desde el punto de vista financiero importantes proyectos de utilidad pública que afecten al bienestar general, sino también tener en cuenta todos los conocimientos profesionales y gerenciales existentes en la casa Bertelsmann para la estructuración de su actividad promocional. Esta condición, por un lado, dificulta la elección de proyectos apropiados que se deben promocionar, pero, por otro, garantiza una cualidad y eficacia del trabajo fundacional fuera de lo común. Para documentar esta afirmación, voy a facilitar a continuación algunos ejemplos:

- Diferentes proyectos promocionan técnicas gerenciales con proyectos y estudios sobre el trabajo de los Consejos de Administración: La garantía de la continuidad, la cultura empresarial y la cogestión.
- Soluciones ejemplares en el ámbito de la responsabilidad estatal están siendo probadas, por ejemplo, mediante la instalación de una biblioteca municipal de concepción totalmente nueva, o la instalación de un nuevo sistema de planificación e información en un hospital.
- Se realizan seminarios de formación profesional en el

ámbito de la comunicación, por ejemplo para periodistas, lectores, autores y traductores.

Se ha puesto en marcha también una investigación básica en el marco de la eficaz búsqueda en los medios de comunicación, y en los de pedagogía y didáctica. Para esto, se construyó una biblioteca y se desarrolló, entre otras cosas, un sistema de instrucción soportado por medios de comunicación en una escuela de enseñanza media.

Todos los proyectos exigen la cooperación con las respectivas autoridades e instituciones competentes, tanto nacionales como internacionales. La Fundación Bertelsmann actúa con diferentes grados de intensidad, en función del nivel de conocimientos técnicos existentes en la compañía Bertelsmann. No obstante, se puede afirmar que tiene un éxito considerable la idea de una política de promoción activamente apoyada por la Fundación.

No habríamos dado una imagen completa de nuestra idea de una Fundación si solamente la contempláramos desde el punto de vista de garantizar la continuidad de la casa. También hay que citar nuestro compromiso social. En una democracia es responsabilidad de todos los ciudadanos aportar algo a la estructuración de su país. En este sentido, todo el mundo está invitado a colaborar según sus posibilidades. En una época en la que criticamos cada vez más la capacidad limitada de nuestros organismos estatales, deberíamos aprovechar cualquier oportunidad de demostrar cómo se pueden hacer mejor las cosas. Esto va desde mejorar la técnica gerencial de la Administración del Estado hasta la reintegración en la iniciativa privada de funciones individuales, por ejemplo, en los ámbitos cultural y sanitario. Soluciones ejemplares pueden señalar el camino a seguir.

La idea de la Fundación Bertelsmann también puede ser concebida como un intento de aportar una posible solución a la exigencia de nuestra Constitución estatal: «¡La propiedad obliga!» La compañía Bertelsmann ha intentado seguir un camino con la participación de sus empleados para asegurar su continuidad mediante la Fundación y un compromiso práctico en el marco de sus proyectos; dicho camino podría ser apropiado para guiar hacia una democracia más eficaz y un capitalismo más humano. En este sentido, la Fundación Bertelsmann complementa de forma lógica el concepto general de empresa de cooperación.

Artículo 2 de los estatutos de la Fundación Bertelsmann:

«Finalidad y objetivos de la Fundación»

1. La Fundación persigue exclusiva y directamente fines de utilidad pública, tal y como se definen en el apartado «Fines con privilegios impositivos» de la legislación fiscal.

2. Los objetivos de la Fundación, dependiendo de los fondos disponibles, son los siguientes:

a) Promover la investigación y el desarrollo de los medios de comunicación, y su función en la sociedad. La promoción incluye la publicación de los resultados de la investigación.

b) Promover la formación profesional en todos los campos de la comunicación, y en especial mediante el apoyo a proyectos de investigación, experimentación de modelos, institutos de enseñanza, etc.

c) La promoción de técnicas de dirección de empresas, sobre todo en los ámbitos de los negocios y del Estado, mediante investigación, experimentación y docencia.

d) Cualquier promoción de estructuras y sistemas sociales, eficaces y adecuados a la época, del periodismo, de la economía y de las empresas, y en especial mediante el apoyo de proyectos de investigación y experimentación de modelos, etc.

e) La promoción de instituciones y proyectos en las áreas de formación, religión y cultura.

f) La promoción de instituciones y proyectos en el campo del bienestar y la salud, incluyendo la promoción de organizaciones de servicio público según el artículo 68 de la legislación fiscal de 1977.

g) La promoción de entidades con privilegios fiscales y de programas de utilidad pública en el mundo laboral, y sobre todo mediante el apoyo de proyectos de investigación, experimentación de modelos, etc.

Dentro del marco de los cometidos citados también se pueden apoyar proyectos en el extranjero, siempre que se correspondan con los fines culturales, científicos y otros de utilidad pública de la República Federal de Alemania.

Consecuencias para las técnicas de gestión

Afortunadamente, el casi paralelo desarrollo de las modernas técnicas de gestión de los negocios en general facilita la conversión del nuevo concepto empresarial en una realidad. A continuación, me gustaría describir los elementos más importantes del nuevo concepto de gestión.

La delegación de competencias y responsabilidad

Hoy en día, el grado de dificultad de ejecución de las funciones prohíbe estructuras de dirección centralizadas y autoritarias. La verdad de tal afirmación queda de manifiesto en la baja eficiencia general inspirante en las áreas de responsabilidad estatal. Los resultados de la economía dirigida en los países del Pacto de Varsovia también hablan claramente al respecto.

En la actualidad, la tarea de Dirección se ve obstaculizada de forma adicional a causa de la rápida evolución de las técnicas laborales, provocada por la economía de mercado. Mientras que una parte de los cometidos de Dirección, como por ejemplo la definición de metas y objetivos estratégicos, la coordinación y la investigación, requieren intervención de la central, la mayor parte de la evolución tiene lugar en aquellas actividades más cercanas al mercado. Optimizar los rendimientos en los centros de beneficio y las unidades operativas requiere un ejercicio empresarial creativo de las funciones de Dirección directamente en dichas unidades operativas. Quieren desempeñar cargos de responsabilidad y deben poseer un margen adecuado de libertad de acción. Mediante la motivación de los empleados se debe asegurar su predisposición a realizar un esfuerzo y ser creativos en el puesto de trabajo. Ello supondría una tarea imposible para los cargos que se hallan en el vértice de la empresa. No obstante, esa misma Dirección tiene que crear las condiciones generales necesarias para lo aquí expuesto.

La importancia de la labor de Personal[1] en una empresa descentralizada

El principio de la responsabilidad delegada sólo puede tener éxito si las funciones transferidas son asumidas por directivos competentes. Ello confiere una importancia mucho mayor al trabajo de personal en el campo de la dirección de empresa. La selección y formación de una nueva generación de directivos de empresa ya no puede limitarse como antes –o incluso hoy se mantiene aún en la Administración estatal– a la corrección y al cumplimiento del deber. La empresa descentralizada necesita personas con formación empresarial para sus múltiples departamentos y centros de beneficios. La responsabilidad de la dirección descentralizada exige nuevos criterios en la selección y valoración del personal. El proceso de su entrenamiento y formación debe estructurarse de otra forma.

Un joven empresario no aprende principalmente de la instrucción teórica sino en la práctica, cuando asume responsabilidades de dirección. Debe aprender simultáneamente lecciones sobre técnica, personal y gestión. La propia responsabilidad también implica el derecho a cometer errores y a aprender de ellos. Este tipo de formación de personal de dirección, por cierto, resulta para la compañía mucho más barato que el intento de evitar soluciones erróneas mediante muy detallados reglamentos de trabajo. Los ejecutivos jóvenes que no evolucionan y se convierten en empresarios salen muy caros a la empresa. Quizá se cometan menos errores si se trabaja «según las normas». Pero esto impide, al

1. Para mejor comprensión de este concepto, consúltese el Anexo.

mismo tiempo, la toma de decisiones con espíritu empresarial.

Planificación y control

La empresa de dirección descentralizada no debe convertirse en un bote sin remos a causa de ese tipo de estructura. La planificación y el control de los resultados son indispensables, tanto para los centros de beneficios como para la empresa en conjunto. Con una especie de técnica de contracorriente, la empresa con una estructura descentralizada ha de combinar los objetivos de los gerentes de los centros de beneficio con los planes globales de los máximos dirigentes de la empresa. Solamente de esta forma se puede llegar a tener una Dirección descentralizada con objetivos concretos. Es importante que el gerente de un centro de beneficios se identifique con el presupuesto resultante de este proceso y con su plan a medio plazo como si de sus propios objetivos se tratara.

La participación de los directivos de la empresa en los beneficios

Si la empresa se convence de la conveniencia de una estructura descentralizada, la compensación material de los directores de los centros de beneficios, quienes operan como auténticos empresarios, debe estar en concordancia con esta finalidad. Por esta razón recomiendo que no se les pague más que una pequeña parte de su salario a título de sueldo fijo mensual. La mayor parte de sus ingresos debe estar en función de los resultados. Con el fin de prevenir «desviaciones atípicas», ajenas a su responsabilidad, tanto hacia arriba como hacia abajo, es mejor limitar la remuneración máxima y mínima.

La motivación de los directivos de empresa

El sistema de dirección descentralizada presupone una identificación de los gerentes de la empresa con sus respectivas funciones, así como con el fin y la manera de actuar de la empresa en su conjunto. De forma análoga, corresponde a la empresa aclarar sus fines y resultados. La información y el derecho a expresar su propia opinión constituyen premisas inalienables para motivar e identificar a los gerentes.

La coordinación de iniciativas centrífugas

En una empresa descentralizada, la orientación de todos los esfuerzos hacia el bien común general no es, en absoluto, algo que surja porque sí. Los ejecutivos empresariales que actúan bajo su propia responsabilidad, optimizarán, en primer lugar, los resultados de los centros de beneficios cuya responsabilidad han asumido. Prestan menor atención al interés general de la empresa. De forma análoga, los puntos de enlace vertical y horizontal de una organización descentralizada generan pérdidas por rozamiento. A la dirección general corresponde compensar lo anterior mediante medidas organizativas apropiadas y un sistema de información adecuado. Sobre todo deben emplearse técnicas de coordinación en la actualidad divulgadas en la teoría de la dirección de empresas. El gasto de energía resultante no tiene punto de comparación con el enorme aumento del rendimiento en una organización descentralizada.

El empleo de técnicas gerenciales modernas

Cuando hago estos comentarios referentes a una empresa de dirección descentralizada, presupongo que se conocen y usan los demás conceptos de la técnica moderna de gestión. En este contexto, quisiera recordar que son fundamentales tanto el correcto equilibrio entre trabajo de Dirección centralizado y descentralizado, como las posibilidades de la planificación estratégica. Además, considero de especial importancia la correcta organización de la cima de la empresa. El tipo de dirección dual, que se basa en el Consejo de Administración y el Consejo de Dirección, impuesto para las Sociedades Anónimas por la legislación alemana, puede funcionar de forma extraordinariamente eficaz, si se organiza de manera correcta. Una nueva tarea de la Dirección, que ha aparecido en nuestros días, consiste en el permanente control de las medidas necesarias para garantizar la continuidad de la empresa.

Estructura y estilo de dirección en una empresa basada en la cooperación

En nuestro tiempo se ha propagado el concepto de espíritu de empresa. Dicho concepto se refiere ante todo al concepto general que una empresa posee con respecto a sus fines y modos de actuar. El término «empresa de cooperación» constituye uno de los posibles modelos del susodicho espíritu de empresa.

La autoimagen de una empresa basada en la cooperación

La autoimagen de una empresa basada en la cooperación se caracteriza por el hecho de que todos los interesados, desde el accionista, pasando por la Dirección, hasta los empleados, se autoconsideran un grupo de trabajo con una misma finalidad y responsabilidad. El cometido principal de las empresas, esto es, aportar un servicio a la sociedad, sólo se puede cumplir mediante la seguridad de su continuidad y el desarrollo fructífero de la compañía misma. Entonces pueden ser tenidos en cuenta los intereses específicos de cada grupo. Los representantes del Capital y del Trabajo tienen la responsabilidad principal de defender los intereses de sus propios grupos. La Dirección es la responsable de armonizar los diferentes puntos de vista. A la vez, se deben tener en cuenta las normas legales pertinentes.

El segundo objetivo de una empresa basada en la cooperación consiste en permitir a todos los empleados su autorrealización. Lograr este fin facilitaría mucho la materialización de la exigencia de una mayor consideración de las necesidades del mundo laboral. La autorrealización es de enorme importancia, tanto en el terreno político como en el económico. Hoy en día ya no se discute el hecho de que un mundo laboral humanamente estructurado necesite consideración y apoyo sociales. Debido a nuestro nivel de vida y a la gran extensión de la legislación social, este aspecto de la labor empresarial ha pasado a segundo plano. También son fines secundarios de la empresa el rédito de capital y las aportaciones al Estado. La empresa basada en la cooperación ha de prestar estos servicios de la misma manera que las demás empresas.

La importancia de la armonización

La armonización de todos los esfuerzos hacia un objetivo reconocido como común no es posible sin el debido respeto a la dignidad y personalidad de los implicados. No obstante, del derecho a ser respetado no se deduce que todos los empleados sean iguales en sus capacidades profesionales y en sus derechos de retribución. El empleo en función de las aptitudes de cada persona es de igual importancia que el pago de un sueldo diferenciado y conforme a su rendimiento. Aquí, las diferencias en la remuneración han de corresponder a la aportación del servicio. La tendencia a nivelar ingresos que se ha observado en los convenios colectivos durante decenios, es altamente cuestionable y en mi opinión no se justifica ni desde el punto de vista humano, ni desde el punto de vista técnico. Posibles motivos sociales tampoco justifican esta práctica. En una empresa basada en la cooperación debe haber consenso sobre las bases de una remuneración adecuada.

Los esfuerzos de los trabajadores y de los sindicatos para conseguir un sueldo suficiente y protegerse contra excesivas cargas, que antaño estuvieron justificados, hoy en día no tienen razón de ser. La misma reducción de las horas de trabajo semanal exigida en Alemania, se justifica más por el argumento de la reducción del desempleo que por la previsión del agotamiento a causa de esfuerzos excesivos.

Nuestro principal reto hoy en día consiste en pasar de la monotonía y la determinación del trabajo por otros a una actividad creativa y participativa en el propio trabajo. Esta exigencia procede tanto de consideraciones humanas como económicas, pues sin una organización creativa del trabajo y una actitud de eficacia basada en la motivación, no podremos subsistir a la competencia del mercado internacional. Esta activación necesaria y posible de las reservas de potencial de rendimiento de nuestros empleados es de máxima importancia para la capacidad competitiva de una empresa; y, al mismo tiempo, para nuestro nivel de vida.

Al mismo tiempo, la identificación de cada uno con su empresa y con su cometido personal significa una mayor satisfacción en el trabajo. El éxito y el reconocimiento por parte del superior jerárquico fortalecen su sentido de valía y aumentan su actitud constructiva. Un empleado motivado puede soportar mucho mejor las inevitables cargas de su profesión. De esta forma, la obligación de ganarse el pan de cada día puede transformarse en algo que la persona entienda como una interesante parte de su vida.

La autorrealización

No consideraríamos correctamente la naturaleza del ser humano si estuviéramos preocupados de forma exclusiva por exigir lo menos posible del empleado y por protegerle al máximo. El hombre, por su naturaleza, quiere entregarse, probar su capacidad y conseguir éxitos. La empresa basada en la cooperación tiene que corresponder a este deseo mediante la formación y promoción de todos aquellos que están dispuestos a y son capaces de realizar una aportación mayor.

La posibilidad de ascenso en la propia empresa también pertenece al catálogo de oportunidades que ha de presentarse en nombre de un enfoque centrado en la persona. Pero hay que tener en cuenta que no sólo el individuo debe participar en este desarrollo, sino también su empresa y la sociedad. Sin élites profesionales nunca conseguiremos nuestro nivel de vida, ni subsistiremos a la competencia de la oferta internacional de servicios.

La dirección como mandato

Cualquier sociedad humana necesita una estructura y una dirección. La utopía idealista de la sociedad anárquica, libre de poderes, es incompatible con la naturaleza humana. Nuevas estructuras sociales deben asegurar un margen suficiente de libertad para la iniciativa del individuo y ofrecerle la posibilidad de su autorrealización. La autoridad de la dirección debe legitimarse por su competencia profesional y su orientación humana. Dentro de poco no deberán existir ni existirán otros criterios para la atribución de responsabilidades. La época en la que la propiedad conllevaba el derecho a dirigir, está llegando a su fin. En el futuro únicamente la capacidad personal decidirá el derecho a asumir responsabilidades directivas.

Si se acepta que la aportación de un servicio a la sociedad es el máximo fin empresarial, la toma de responsabilidades de dirección equivale al ejercicio de un mandato. De aquí se deduce que quien no pueda responder a las exigencias de su posición –sean cuales fueren las causas– ha de renunciar por sí mismo o ha de ser sustituido. Ninguna consideración social es, en este caso, justificación para omitir un cambio necesario.

Las posiciones de dirección tienen sus propios derechos y

deberes. El deber de llevar a cabo un cometido de forma concienzuda y creativa justifica la facultad de dar órdenes a otros empleados. No obstante, la autoridad de un mandato no crea diferencias humanas. Más bien está ligada a un mayor deber de atención al subordinado. La misión del superior también incluye el deber de interesarse por el empleado y de ayudarlo. El éxito de un grupo de trabajo o de un centro de beneficios normalmente no sólo es el éxito de su jefe. Los resultados del trabajo son debidos a causas muy diferentes, pero, con toda seguridad, también se basan en el esfuerzo y la habilidad de los empleados. Por ello, en la empresa basada en la cooperación, la modestia de los jefes es más oportuna que su orgullo. Los éxitos deberían constituir siempre una ocasión para elogiar al empleado y para expresarle agradecimiento. La honradez y la lealtad lo exigen.

Como recompensa por la dificultad del servicio aportado, el directivo empresarial tiene el derecho a una remuneración superior al término medio. Esto es justo y no se contradice en absoluto con la exigencia de solidaridad de un grupo de trabajo. El directivo mejor pagado puede disfrutar de su mayor nivel de vida con la conciencia tranquila. Sin embargo, esto no debe influirle en cuanto a su autoestima frente a los empleados. En una empresa basada en la cooperación, el superior ha de considerarse un empleado más. Los recursos que le son asignados, como una oficina bien equipada, un automóvil con chófer, el derecho a utilizar aviones y otros parecidos, sólo responden a justificaciones técnicas. No debe practicarse el culto a la persona con tales medios. Esto nunca debería tener lugar en una empresa basada en la cooperación.

La actitud del superior hacia sus subordinados

El tipo del trato entre empleados y superiores debe estar presidido por la relación de cooperación y su cometido común. El tono debería ser humano y profesional a la vez. El superior no debe perder nunca el respeto a sus subordinados. Incluso cuando hay que expresar críticas o correcciones, la relación personal impone un tono. Precisamente en una empresa basada en la cooperación no se pueden tolerar infracciones de estos principios de comportamiento.

El mandato exige que el superior dé instrucciones. Los subordinados han de cumplirlas. Sin embargo, precisamente en la empresa basada en la cooperación, los subordinados deberían comprender el sentido de las órdenes, en lugar de tener que obedecerlas a ciegas. De forma análoga, el superior ha de explicar y hacer comprensibles sus órdenes mediante el diálogo. En la empresa de cooperación, todos los empleados han de desear y aportar algo al éxito. Esto lo pueden hacer solamente si comprenden la política empresarial y las órdenes de sus superiores. Una orden no es más eficaz porque se dé en tono autoritario. Una correcta presentación del contenido técnico y un tono humano otorgan más credibilidad al superior y facilitan la realización de lo que sea. Si se trata de dar órdenes poco agradables o incluso complicadas, como por ejemplo la implantación de un nuevo proceso laboral, se debe dar especial importancia a su aclaración a los empleados (aunque quizá no sea siempre posible conseguir la completa aceptación de todos). No obstante, en cualquier caso el jefe tiene el deber de esforzarse en ello.

Supondría tener una valoración errónea e idealista de la naturaleza humana el hecho de partir de la premisa de que todos los empleados tienen buena voluntad y están dispuestos a cooperar. En el hombre, las buenas cualidades coexisten junto con otras negativas. La dirección tiene que esforzarse en promocionar las características buenas de sus empleados y prevenir que las negativas no progresen. Este cometido puede justificar la puesta en práctica incluso de medidas duras. La necesaria consideración de los empleados como seres humanos en modo alguno contradice el establecimiento de una política empresarial correcta en todos los ámbitos. Según mi experiencia, sin embargo, la dirección de una empresa está bien orientada si apuesta por la cooperación y la confianza en sus empleados, en lugar de optar por el autoritarismo. Con toda seguridad, habrá directivos que se sentirán en desacuerdo con lo anterior. Sin embargo, el saldo de las experiencias de Dirección bajo un enfoque basado en la confianza y la cooperación es claramente positivo.

El valor de la confianza y la cooperación

Los lazos humanos, cuya importancia para la empresa no debería menospreciarse, se van generando en el transcurso de los años, sobre una base de cooperación y confianza. Esto es particularmente cierto en casos de elevada exigencia de rendimiento, o también en casos de peligro. La actitud de los empleados hacia su empresa entonces puede decidir sobre su éxito e incluso su supervivencia. En sus 150 años de historia, la compañía Bertelsmann ha podido vivir esta experiencia en repetidas ocasiones. La continuidad de esta empresa no habría sido posible sin la solidaridad de sus empleados.

Voy a hacer un resumen. La empresa basada en la cooperación ha de tener:

- Unos objetivos claros y orientados a las necesidades de la persona.
- Una organización interna que aúne eficacia y orientación a la persona.
- Una constitución que posibilite la autorrealización de todos sus empleados.

La verificación de la cultura empresarial

Fijar tales normas de cooperación e implantarlas corresponde a la dirección, en colaboración con los representantes de los accionistas y de los empleados. En la actualidad, por suerte, ya existen bastantes ejemplos de cultura empresarial de empresas basadas en la cooperación. Para saber si la situación de la empresa se corresponde con las normas y fines establecidos, se necesita efectuar un control periódico. Por esta razón se debe organizar y mantener un diálogo al respecto con los grupos individuales o con sus representantes.

La legislación alemana sobre cogestión en su actual forma ofrece una buena base para esta tarea, aunque su formulación no sea suficiente. Para la necesaria función de mediación en la empresa de cooperación, en la que no sólo se tratan cuestiones humanas sino también otros asuntos eminentemente prácticos, es inadecuada la práctica actual de los Consejos de Empleados.

Las consultas periódicas a los empleados acerca de la realidad interna de la empresa resultan de gran ayuda. Un balance social, publicado junto al informe empresarial, en especial en la empresa basada en la cooperación, debería presentar la realidad interna de la compañía. La sinceridad y la objetividad en la descripción son de veras necesarias. En estos informes no queda espacio para los intentos de autocomplacencia, no importa por parte de quién.

La nueva relación entre trabajo, capital y dirección

Las controvertidas discusiones acaecidas en las últimas décadas sobre las relaciones entre estos tres factores y su importancia para el éxito de la compañía, no han aclarado esta situación trascendental a la opinión pública. Dichas discusiones están sobrecargadas de argumentos basados en la tradición dogmática y en la política de ciertos grupos de interés. De manera especial, el tema de la igualdad de derechos[1] en cuanto a la toma de decisiones en la empresa ha supuesto una fuente de discusiones para nuestra sociedad durante décadas. El debate sobre la conveniencia, resultados y dimensión correcta de la cogestión no tiene fin. Por esta razón, ha llegado la hora de efectuar un análisis del problema de la cogestión.

En la Alemania de la posguerra, una vez se hubo llevado a cabo la reconstrucción de la economía del país, el reajuste entre capital y trabajo, así como la búsqueda de una solución para la cuestión social se convirtieron en temas sociopolíticos urgentes. Así, pues, la energía de los políticos se centró en estos asuntos, entre otras razones también porque se percibía que una confrontación permanente obstaculizaría la capacidad de rendimiento de las empresas. La actual idea de economía social de mercado con su red de seguridad social y su efecto nivelador, en aquel entonces todavía no estaba suficientemente desarrollada.

1. Se trata de una representación a partes iguales de empleados y capital. *(N. del T.)*

Al mirar atrás se observa que entonces era comprensible que nuestros políticos consideraran que su tarea más importante consistía en impedir la confrontación permanente. Creyeron poder solucionar el problema mediante la aplicación de estructuras políticas que ya conocían. De este modo, sus esfuerzos culminaron con la exigencia de una mayor democracia en la dirección de la empresa. Las legislaciones sobre cogestión y sobre participación en la toma de decisiones, constituyen una muestra de tales esfuerzos.

Los sindicatos contemplaron desde el principio la cuestión de la cogestión desde otro punto de vista. El consenso y la cooperación no son precisamente las características más destacables de la estrategia sindicalista en nuestro país; por desgracia, se trata de todo lo contrario. Sin embargo, los sindicatos descubrieron en la legislación para la cooperación y la cogestión una oportunidad para fortalecer su posición. La fórmula de la igualdad de derechos de capital y trabajo, divulgada desde entonces por los sindicatos, seguramente esconde una intención más interesada en el poder que en la mejora objetiva. Incluso en esta fase reconstructiva de nuestra economía, se veía claramente que la fórmula «capital y trabajo», que antes había descrito de forma correcta un conflicto de intereses, había perdido su sentido, debido a cambios estructurales básicos en la economía.

¿Es el capital aún capaz de dirigir?

El «capital», en el transcurso de los años, ha perdido muchas de sus funciones originales. En nuestro tiempo, los cometidos de la dirección empresarial han llegado a ser tan difíciles, que sólo raras veces los «capitalistas» son capaces de ejercer los derechos de decisión inherentes a la propiedad. En la mayoría de las grandes empresas con participación de terceros, una gerencia profesional ha sustituido en la Dirección empresarial a los propietarios del capital. No obstante, en aras del éxito, la gerencia ha de tener en cuenta los intereses de todos los grupos en la empresa, y, si se da el caso, armonizarlos. Así, pues, es la Dirección empresarial, en lugar de los propietarios del capital, la que ha pasado a ser la interlocutora del factor trabajo. Exactamente la misma evolución se ha producido en los países de capitalismo estatal. La variante «democrática» del modelo económico yugoslavo tampoco ha conducido a resultados distintos.

La objeción de que, al final, la Dirección es la representante del capital, aunque en otro sentido, sólo es válida hasta cierto punto. Recuerdo otra vez que a menudo no se puede distinguir con claridad si en Alemania fue el Consejo de Administración el que llevó al Consejo de Dirección hasta su posición, o viceversa. Tampoco hay que olvidar que no siempre los intereses de los miembros del Consejo de Dirección son idénticos ni coincidentes con los deseos de los accionistas. Ello se pone en evidencia a través de la valoración diferente de ambos grupos con respecto al volumen de facturación y al beneficio.

Ya que las medidas legales de tributación de herencias, patrimonio e ingresos, no permiten desde hace tiempo la acumulación del capital necesario para la nueva función empresarial en manos de un individuo o de una familia, la caracterización de «capital y trabajo» como factores decisivos de la economía parece completamente obsoleta.

Esto resulta también evidente en el hecho de que hoy el éxito y la continuidad de una empresa dependen, en primer lugar, de la cualificación de su Dirección para cumplir su cométido. La «Dirección» debe concebirse, en este contexto, como una resultante de componentes tanto de personal como de técnicas de gerencia. No poseen las dos la misma importancia; el componente referente al personal merece clara preferencia.

La desviación del enfrentamiento entre «capital y trabajo» hacia la antítesis actual de «Dirección y trabajo», en mi opinión indiscutible, representa un cambio importante del sistema capitalista. La función de control del capital ha perdido parte de su importancia. El interés del factor capital se limita de forma cada vez más acusada a su inversión. Si ello no se consigue, el capital huye de su compromiso en lugar de avanzar enérgicos pasos con el fin de corregir la situación, como sucedía en el pasado.

La pérdida de la capacidad de dirigir por parte de algunos de los propietarios de capital ha dado lugar a la aparición de un tipo de dirección de empresa cuyos fines personales no siempre son idénticos a los del anterior empresario y capitalista. Demasiado a menudo observamos que el interés personal de un ejecutivo por los ingresos de la compañía y su afán de ser respetado, no están en concordancia con la óptima dirección de la empresa que le ha sido encomendada. Esta tentación del Consejo de Dirección se ve reforzada por la valoración que la Prensa económica hace de la dirección empresarial; el tamaño de empresa impresiona más que un verdadero liderazgo empresarial.

Estas evoluciones y sus consecuencias sólo se comprenden lentamente. En mi opinión, el mundo occidental tiene que tener mucho cuidado en mantener la capacidad de rendimiento de nuestro sistema económico basado en la propiedad privada y la ambición personal de obtener beneficios. A lo mejor una respuesta a esta situación exige crear estructuras que beneficien actitudes empresariales también en las grandes compañías. Esto incluye la delegación de responsabilidad en el gerente de un centro de beneficios y un mayor margen de libertad en su labor empresarial creativa. De acuerdo con sus cometidos, los responsables de los centros de beneficios deben ser compensados en relación con el éxito obtenido. Estoy convencido de que, de este modo, podremos volver a formar empresarios de nuevo, sobre todo en la gran empresa, y con ello nivelar, al menos en parte, la falta de liderazgo directivo en que ha caído el capital.

La implicación del mismo capital necesita una revisión y una reestructuración. La aportación de la dirección a la Junta General se ha visto reducida a casi una representación teatral, debido al aumento del grado de dificultad de la dirección empresarial y a la fragmentación de la propiedad. A pesar de todo, mediante la introducción de la representación en el uso del derecho de voto, se ha conservado la funcionalidad de la Junta General. Sin embargo, esta práctica ha desembocado en una alta concentración de poder económico y con razón se pone en duda sin cesar por motivos sociopolíticos.

Probablemente se podrá hallar la solución a este problema en una mayor dispersión de los votos y en una reducción del poder de los accionistas en la Junta General. Se avanzaría mucho si los accionistas delegaran, a través de un mejor sistema de elección, en representantes más cualificados para el Consejo de Administración. Un procedimiento tal, además, se correspondería con experiencias de gerencia democráticas. Estoy convencido de que de esta manera sería posible volver a hacer eficaz la necesaria influencia del capital en la dirección, es decir, mediante el trabajo del Consejo de Administración. Este cambio supondría una respuesta adecuada a la actual degeneración del sistema capitalista. Al mismo tiempo, se podría atenuar el peligro que corren las empresas por su gran tamaño.

La contribución de la política a la solución de conflictos

La armonía deseada por los políticos debía realizarse a nivel del Consejo de Administración de las grandes empresas mediante una cogestión, legalmente establecida en el mismo, de los representantes de los trabajadores. Una cogestión por parte de los representantes de los empleados debía garantizar que, en todas las decisiones fundamentales, se tendrían en cuenta sus intereses de forma suficiente.

También es posible que en la formación de opinión de los políticos haya podido desempeñar un papel el deseo de mejorar la eficacia de las empresas mediante la colaboración de representantes laborales democráticamente elegidos. Otro fin de la ley de cogestión podría haber consistido en conseguir una mejor comprensión de los intereses de las empresas por parte de los representantes laborales, a través de su participación en la responsabilidad de gerencia.

Retrospectivamente me parece lamentable que, al buscar una solución al importante problema de la armonización, no se haya considerado suficientemente la utilidad de las opiniones de directores de empresa muy cualificados. Me parece como si la experiencia gerencial de los políticos, adquirida en el campo de la democracia parlamentaria, les hubiera conducido a conclusiones falsas y de graves consecuencias en la preparación de la Ley de Cogestión. Para argumentar esta opinión, voy a hacer un inciso sobre las diferencias entre lo que es la dirección en la política y lo que es en los negocios.

Según la opinión dominante en las democracias occidentales, las empresas han de aportar a la sociedad una óptima contribución, dentro del marco de una economía de libre mercado limitada por condicionantes sociales. No obstante, además de esta finalidad principal, existen otras adicionales, como, por ejemplo, la autorrealización de los empleados en su trabajo, el mantenimiento de la capacidad de evolucionar y la continuidad, así como la rentabilidad suficiente para el capital y el Estado. Frente a la dura lucha competitiva, una empresa tan sólo puede cumplir estos cometidos si posee una dirección óptima. Así, pues, no es extraño que el desarrollo de técnicas de dirección se llevara a cabo con mucha mayor rapidez en los negocios que en otros ámbitos de la vida.

El esfuerzo para obtener un óptimo rendimiento gerencial en las empresas tiene que ser la primera preocupación de los Consejos de Dirección y de Administración de una empresa. Una avalancha de literatura relevante da testimonio de estos esfuerzos. Este cometido exige una enorme experiencia en técnicas de dirección y en el trato con la gente. Personas con amplia experiencia en actividades empresariales son las que mejor pueden aportar lo necesario al Consejo de Administración.

Esta descripción de los objetivos gerenciales en los negocios va a ser ahora comparada con la caracterización de otra técnica de dirección, a saber, la de la política. El estado democrático no está orientado, en primer término, a la obtención de rendimiento óptimo alguno. El sistema democrático debe orientar la política hacia la voluntad de la mayoría electoral, y, a la vez, considerar los intereses de los grupos minoritarios. Así, la consecuencia de la dependencia de los electores consiste en que se reacciona más para resolver sus problemas que con una actuación preventiva. Aquí surge una diferencia fundamental con respecto a la economía: una estrategia empresarial basada en tales principios haría fracasar a la empresa en poco tiempo.

En la democracia, las técnicas de dirección son distintas por completo debido a que su cometido es absolutamente distinto. El mejor ejemplo es la labor de personal[1] que es de gran importancia para el éxito de la dirección. La gran masa de los electores en la democracia ni siquiera es capaz de enjuiciar la competencia profesional de un candidato. Es decir, el elector decide en función de explicaciones y promesas, y la popularidad del candidato constituye también un factor decisivo. Esta práctica es característica de todas las democracias occidentales; una técnica de dirección como ésta puede ser calificada de típicamente democrática.

En contraste con lo dicho, todas las grandes organizaciones de este mundo que se orientan hacia los resultados han comprendido la importancia de las técnicas de dirección y en especial de su componente de personal, y han sacado sus propias conclusiones. Estas organizaciones no tienen la menor duda de que la formación de una cúspide gerencial cualificada forma parte de las responsabilidades más importantes de la empresa. La democracia política no intenta tal sistematización del reclutamiento de una nueva generación de líderes; en último término una de las razones estriba probablemente en que no se considera que ello esté en concordancia con el sistema. No puede sorprender que diferencias tan grandes se traduzcan en élites de liderazgos tan distintos; antes al contrario: es algo intencionado.

Estas reflexiones deberían dejar claro que, en el caso estándar, los directivos de los negocios y los de la política son tan poco intercambiables como sus sistemas de dirección.

---

1. Para mejor comprensión de este concepto, consúltese el Anexo.

Sus distintos fines han de alcanzarse mediante reglas de juego diferentes. Esta afirmación no pretende erigirse en juicio de valor, sino tan sólo clarificar la situación.

La Ley de Cogestión desde un punto de vista tecnicogerencial

La ley alemana de cogestión[1] pretende combinar los diferentes sistemas en la cúspide de nuestras empresas. Con intención de armonizar los intereses de diferentes grupos de interés, se mezclan técnicas de dirección democrática y empresarial. El efecto de armonización que a veces se ha conseguido, o que al menos es posible conseguir, no puede, sin embargo, ocultar las desventajas que dicha ley tiene para la Dirección empresarial. Una reducción de la eficiencia, como consecuencia de una menor calidad en la dirección, no es políticamente justificable.

La democracia alemana optó por la economía de mercado porque prometía rendimientos óptimos y constantes. Sin embargo, el acento exagerado en los intereses de grupo de los Consejos de Administración de las empresas contradice la intención y convicciones de los creadores de nuestro sistema económico. También hay que señalar que hoy en día disponemos de soluciones mucho más eficaces para la armonización de intereses en las empresas. El concepto de la empresa basada en la cooperación, que se ha desarrollado en los últimos decenios, ha demostrado que se puede hacer que sean compatibles eficacia y preocupación por las necesidades de las personas. La empresa basada en la cooperación ha conse-

1. Para mejor comprensión de este concepto, consúltese el Anexo.

guido un éxito sociopolítico considerable a través de la auto-rrealización de los empleados en su trabajo. Esta afirmación aún se puede ampliar: la eficacia de las empresas presupone una preocupación por las personas y una actitud de coopera-ción de las partes como si fueran auténticos socios.

Las empresas de hoy necesitan colaboradores motivados y comprometidos para poder responder a las exigencias de la lucha competitiva y a la necesidad de evolucionar. En un planteamiento empresarial como éste ya no cabe una estrate-gia convencional de confrontación, como la de los sindica-tos. Esta fórmula de cooperación no ha surgido de la técnica de dirección política, ni mucho menos. La empresa basada en la cooperación utiliza técnicas de dirección modernas, desa-rrolladas en el mundo económico, y las combina con princi-pios humanos que posibilitan la identificación del empleado con su trabajo y con su empresa. Las experiencias habidas hasta hoy justifican la suposición de que la empresa basada en la cooperación demostrará su mayor eficiencia frente a una presión competitiva creciente. De esta forma, la presión competitiva de la economía de libre mercado, al final, podría llevar a una evolución sociopolítica de la economía. Tengo la absoluta seguridad de que la filosofía de la empresa de coo-peración puede movilizar considerables reservas de creativi-dad y de rendimiento, y, al mismo tiempo, poner en práctica, de manera óptima, el efecto armonizador pretendido por la Ley de Cogestión. El error de la cogestión paritaria en nues-tras empresas procede de la experiencia política de nuestros parlamentarios, que están sujetos a limitaciones en sus deci-siones totalmente diferentes; este error ha de corregirse de manera incondicional.

¿Coordinación en el Consejo de Administración?

Según la ley, la cogestión de los representantes laborales ha de tener lugar en el Consejo de Administración de las sociedades anónimas. El Consejo de Administración debe vigilar la labor del Consejo de Dirección y seguir de forma crítica la evolución del negocio. Sin embargo, según la legislación alemana de sociedades anónimas, el Consejo de Administración no debe participar directamente en la dirección de la empresa. No obstante, la aprobación de las decisiones importantes, como el nombramiento del equipo directivo, que son propuestas por el Consejo de Dirección, forma parte de la competencia del Consejo de Administración.

La supervivencia, la aprobación y la toma de decisiones por parte del personal exigen una elevada capacidad técnica y humana de los miembros del Consejo de Administración. Cumplir tal mandato no es posible sin esfuerzo y tiempo considerables. Sólo alguien que esté lo suficientemente informado y posea capacidad para enjuiciar puede participar en los diálogos y las decisiones. En la compañía Bertelsmann estas condiciones son tenidas en cuenta por los representantes de los empleados. Su implicación, sobre todo en el «grupo de trabajo de los representantes del personal», que es una comisión del Consejo de Administración, merece el reconocimiento de una contribución efectiva a la dirección de la empresa.

El daño que pueden originar consejeros insuficientemente cualificados lo demuestra con muchos ejemplos la historia económica más reciente de la República Federal de Alemania. Los errores de Consejeros de Administración en empresas fracasadas, donde hubo mandatos más bien fruto de razones políticas, tácticas o de prestigio, son especialmente obvios. Querría señalar como ejemplos algunos bancos estatales, diversas grandes empresas privadas y las empresas de utilidad pública de los sindicatos. Si en el ámbito de competencia estatal se juzgara con un criterio de rendimiento, el juicio sobre sus órganos de vigilancia seguramente tampoco sería mucho mejor.

Un miembro del Consejo de Dirección del «Deutscher Gewerkschaftsbund»[1], en 1980-1981, formuló algunas sentencias considerables sobre la cogestión en las empresas propias de los sindicatos:

«En nuestras empresas, hemos puesto en práctica aquello por lo que, en el ámbito de la cogestión, hemos estado luchando desde hace décadas...»

«...Con estas afirmaciones no querría entonar un himno en favor de nuestras propias empresas, sino solamente señalar cómo nosotros practicamos la cogestión.»

Desde el punto de vista actual, y tras un período de tiempo relativamente corto, se puede afirmar que los sindicatos hicieron una demostración grotesca, en sus propias empresas, de cuán absurdo era su concepto de cogestión. Honraría a los sindicatos que sacaran alguna conclusión adecuada de esta debacle. En esta ocasión, también se debería someter a reconsideración la idea de empresas basadas en la cooperación. Los sindicatos, después de todo, deben comprender que la dirección empresarial tiene unos condicionamientos totalmente diferentes del trabajo sindical democráticamente organizado. Por desgracia, una revisión de su concepto de cogestión no ha sido perceptible hasta hoy en nuestros sindicatos. Antes al contrario: aumentan la presión para ex-

---

1. Confederación alemana de sindicatos. (*N. del T.*)

tender la cogestión en la línea de su aplicación en la industria minera[1]. De esta forma, se confirma una vez más el viejo adagio de que donde reine el dogma, los intereses de los hombres no están en buenas manos.

Los representantes laborales en el Consejo de Administración

El lector puede sacar de estas premisas y resultados sus propias conclusiones sobre la utilidad de la cogestión. Sin embargo, no quiero dejar de lado el hecho de que los representantes laborales también pueden aportar ideas valiosas de carácter técnico y de relaciones humanas al Consejo de Administración, debido a su conocimiento interno de la empresa. A causa de un mejor conocimiento de las bases de decisión y de la necesidad de actuar, muchas veces se consigue gracias a ellos un efecto de armonización adicional.

Estos factores positivos, no demuestran la competencia del Consejo de Administración en cuestiones de dirección. Los representantes laborales, elegidos de acuerdo con criterios democráticos, debido a su carrera profesional no pueden poseer los conocimientos necesarios para su mandato. Hay que contradecir con tono enérgico el argumento sindical de que estas carencias se pueden remediar mediante la correspondiente formación. Las personas ganamos en competencia empresarial mediante experiencias en la responsabilidad; ninguna formación o estudios universitarios pueden remplazar este «aprendizaje por la acción». La educación y el entre-

---

1. La regulación legal de la cogestión en empresas mineras es aún más extensa que la «normal»; por ejemplo, el Consejo de Administración ha de componerse en partes iguales de representantes de capital y trabajo. *(N. del T.)*

namiento son condición y necesario complemento de la experiencia práctica.

Además, la función de control del Consejo de Administración no debe limitarse, de ninguna manera, a vigilar la corrección de la Dirección empresarial. Mucho más importante es la función de valorar y, si se da el caso, aprobar la política empresarial formulada por el Consejo de Dirección. El que frente a este cometido se percate de que carece de la experiencia gerencial y de los conocimientos técnicos y de personal suficientes, si toma su mandato en serio, no debiera participar en la cogestión. Muchos representantes laborales responsables y sinceros adoptan ocasionalmente esta postura en el Consejo de Administración.

Podríamos argumentar, entonces, que una mejor elección de los consejeros conllevaría a una conducta más en concordancia con los hechos. Esto en teoria es cierto; pero en la práctica tal cosa me parece poco probable. Apenas puedo imaginar que los candidatos de los empleados o de los sindicatos pudieran renunciar a un posible mandato, para ceder su puesto a un consultor o un empresario cualificados. Tanto altruismo no existe; ni tampoco habrá suficientes candidatos altamente cualificados, que, según nuestros consejeros laborales y sindicalistas, representen los intereses de los trabajadores y de la empresa de forma equilibrada.

Consecuencias de la paridad

Sin embargo, el trabajo de los Consejos de Administración suele ser muy diferente. Predomina la polarización de los factores capital y trabajo. Ninguna parte quiere arriesgarse a perder por falta de consenso en la votación. Por consiguiente, las decisiones más importantes se estudian en sesiones separadas de capital y trabajo. Opiniones contrarias de diferentes miembros del Consejo de Administración no son oportunas en su sesión formal, salvo que ese miembro del Consejo esté dispuesto a arriesgar su mandato. La necesidad de solidaridad, surgida de la composición paritaria, ha reducido de modo significativo el diálogo creativo en el Consejo de Administración.

En consecuencia, también los Consejos de Dirección se interesan cada vez menos en un diálogo con el Consejo de Administración, diálogo que les podría resultar de gran utilidad. Ponen en duda la competencia de muchos de sus miembros e intentan, en la mayoría de los casos con éxito, esquivar su vigilancia. El instrumento del Consejo de Administración está degenerando lentamente en una fachada sin contenido. La cogestión está reduciendo la cooperación entre los Consejos de Dirección y de Administración justamente en una época en la que una estructura de dirección dualista en la cúspide de nuestras empresas podría ser del máximo valor. Se trata, sin duda, de una evolución lamentable.

Desarrollos como éstos se pueden verificar en la mayoría de las grandes empresas; por otro lado, muchas empresas bien dirigidas salen adelante sin dificultades con la cogestión paritaria. No obstante, tal resultado presupone como condición necesaria que los Consejos de Dirección y de Administración posean unas cualidades gerenciales extraordinarias. Porque los representantes de ambos bandos han de comprender que el bien de la empresa prevalece muy por encima de los intereses de los grupos a los que ellos representan. Por su parte, el Consejo de Dirección ha de estar convencido de que la cooperación con el Consejo de Administración pueda reportarle una ayuda importante. Los representantes de los empleados en el Consejo de Administración deben tener en cuenta siempre que su mandato no tiene que perjudicar los intereses de la empresa en su conjunto.

Todos los miembros de los Consejos de Administración y de Dirección tienen que comprender que en la democracia la autonomía de la empresa, dentro del marco de la economía de libre mercado, sólo es una derivación del fin último de la empresa, que, concretamente, consiste en aportar un servicio óptimo a la sociedad. Partir de tales premisas me parece adecuado sólo en casos excepcionales. Condiciones excepcionales de este tipo no pueden constituir la base de una regulación legal.

El hecho de que en muchas empresas se pueda seguir adelante con la problemática de la cogestión no constituye prueba alguna de la corrección de tal idea. De acuerdo con mi experiencia, una paridad terciaria para los representantes laborales en el Consejo de Administración sería del todo suficiente para conseguir el objetivo deseado.

Es lamentable que los artífices de la Ley de Cogestión carecieran de conocimientos suficientes sobre la dirección de empresas; nos podríamos haber ahorrado muchos problemas. Los fines deseados se podrían haber logrado, de forma mucho más fácil y efectiva, de haber existido una estructura legal adecuada. Con la regulación actual no podemos detenernos ante las desventajas de las técnicas de dirección que aquéllos nos ocasionan. No puede evitarse de ninguna manera un desarrollo posterior adecuado de la Ley de Cogestión. Sin embargo, una recomendación como ésta para la modificación de la Ley de Cogestión ha de completarse con la exigencia al capital de que delegue también, por su parte, tan sólo en representantes realmente cualificados.

Los políticos podrían presentar como excusa que finalmente toda evolución conlleva riesgos y errores. Nadie lo sabe mejor por experiencia propia que el empresario. Pero éste también sabe que hay que aprender de los errores. Este proceso de aprendizaje es inminente en nuestra sociedad, y sobre todo para nuestros políticos.

Ante tal situación, deberíamos superar la tendencia alemana hacia soluciones teóricas e incluso dogmáticas, y observar con mayor atención lo que sucede en la práctica y cómo tienen lugar procesos comparables en otros países. Hasta ahora no se han producido situaciones óptimas en ninguna parte. No obstante, merece la pena estudiar los diferentes intentos y sus resultados. No podemos evitar el planteamiento de que nuestro tiempo, y sobre todo en economía, exige una orientación hacia el hombre y la eficacia. De estas estructuras, aún por desarrollar, dependerán nuestro nivel y calidad de vida, así como la estabilidad de nuestra sociedad.

Si comprendemos la necesidad de este proceso evolutivo, también tenemos que estar dispuestos a probar soluciones nuevas. No será de ayuda alguna que las dos partes, trabajo y dirección, pretendan defender posiciones adquiridas. Con tal actitud, nuestro país dentro de poco se quedará en la cola de la evolución económica. En lugar de esto, lo que debemos hacer es analizar de manera realista la situación existente y sacar de ello estrategias que prometan de cara al éxito. Ello requiere valor, competencia, humanidad y cierta predisposición de incorporar de forma adecuada los propios intereses a la comunidad. Las nuevas soluciones que nos han sido encargadas han de centrarse en el bien del hombre y de la sociedad.

Desde mi punto de vista es indudable que este encargo puede ser cumplido. Ya hoy vemos numerosos ejemplos de que una síntesis de humanidad y eficacia puede tener éxito. Me parece que la clave para conseguir la armonía en la sociedad debe buscarse en este sentido.

El abuso de la cogestión

Mientras las empresas, hasta ahora, han reaccionado en su mayor parte de manera defensiva frente a la legislación de la cogestión, los sindicatos han comprendido rápidamente las posibilidades que les ofrecía en bandeja de plata la política. Durante los primeros años, los gremios cogestionados actuaron de forma relativamente conservadora. Se era consciente de que los delegados se hallaban frente a una tarea nada fácil. Tampoco, es probable que por sabiduría política, se quería desacreditar la legislación. No obstante, los sindicatos comprendieron su oportunidad. Y la exigencia de extender la cogestión, a pesar de sus dudosos resultados, confirma mi valoración de que los sindicatos conciben la legislación de la cogestión desde el punto de vista político y no económico.

Ya a estas alturas, quisiera insistir en el hecho de que mediante la Ley de Cogestión se pueden conseguir tanto la protección de los intereses de los trabajadores como influencia en la política empresarial. Pero la práctica ha demostrado que los representantes de los empleados se centran predominantemente en la imposición de los intereses de sus representados. Y mientras que esta actitud estaba dentro de la intención de la legislación sobre estatutos empresariales, tal práctica en el marco de la Ley de Cogestión lleva a posturas erróneas generalizadas. En los Consejos de Administración de las empresas cogestionadas, los delegados de los empleados, demasiado a menudo, defienden los intereses de sus representados sin ponderar suficientemente los efectos que ello pueda tener sobre la empresa en conjunto. Con la ayuda de su estatuto jurídico paritario, pueden conseguir aquí logros considerables. Todo el mundo ha de comprender que tal actitud no contribuye al bienestar general de la empresa. Mientras tanto, cada vez queda más claro que la Ley de Cogestión, promulgada bajo el signo de la democratización, es contraria al sistema de la economía de libre mercado, es decir, al sistema económico de la misma democracia.

El posterior desarrollo de la cogestión

Así, pues, los errores fundamentales de la Ley de Cogestión no pueden ser eliminados mediante su mejor aplicación. Solamente una modificación de la ley puede remediar esta situación. Existen posibles soluciones en una paridad terciaria de los representantes de los empleados, o en la posibilidad de votar sólo en grupos, a petición de la mayoría de los representantes del capital o del trabajo, sobre algunos puntos específicos del orden del día. Para argumentar estas propuestas, me remito a los intentos y experiencias con paridades terciarias, en Alemania y en otros países, en el Consejo de Administración. La actual formación de opinión sobre la posibilidad de una regulación de la cogestión en la Comunidad Europea también debería considerar estos aspectos.

Es cierto que incluso en el caso de la paridad terciaria, en el Consejo de Administración, seguirá existiendo un problema de calificación insuficiente, y, por tanto, de defensa unilateral de intereses, por parte de los representantes de los empleados. Sin embargo, el proceso de decisión en el Consejo de Administración entero estaría menos cargado que en la actualidad. Según mi experiencia, con un sistema de paridad terciaria es perfectamente posible tener en cuenta los intereses de los empleados. La representación del factor trabajo en el proceso de la formación de opinión en el Consejo de Administración, y, sobre todo, la calidad de la argumentación, evitarían que se tomaran decisiones no razonables.

No estoy exponiendo una argumentación contraria a la adecuada consideración de los intereses de los empleados. Más bien trato de demostrar que fue un error el intento de lograr la armonía de los conflictos existentes mediante una democratización de la economía tomada en sus fundamentos de la política.

Democracias occidentales experimentadas rechazan el concepto alemán por razones de peso y por pura convicción democrática. En estos países se comprende que en los ámbitos político y económico se hallan vigentes reglas de juego totalmente diferentes. No aprecian contradicción alguna en ello. Saben que la combinación de ambos sistemas garantiza las mejores condiciones de vida para todos los ciudadanos.

Se supone que el sistema democrático debe estructurar la sociedad de acuerdo con la voluntad de la mayoría; por otra parte, corresponde a la economía ofrecer servicios óptimos a la sociedad. El mercado y la demanda decidirán entonces, de forma absolutamente democrática, qué evoluciones se desean y cuáles no. La puesta en práctica de técnicas democráticas de dirección en las empresas obstaculizará el objetivo de abastecimiento óptimo a los ciudadanos, que el Estado democrático encarga a las empresas. A lo mejor, ciertas condiciones democráticas son ventajas en la empresa para el empleado, durante cierto tiempo; pero, con seguridad, a largo plazo serán desventajas para la empresa, sus empleados y la sociedad.

De esta forma, todo se centra en diseñar un sistema correcto y eficaz que supere la confrontación de intereses particulares en la empresa mediante lo que se conoce con el nombre de «empresa basada en la cooperación». La prueba de la capacidad de funcionamiento de este modelo ya ha sido aportada en múltiples ocasiones. La cogestión también desempeña su papel en la empresa de cooperación. Pero aquí está incorporada en las reglas del juego de tal manera que aumenta la capacidad de rendimiento de la dirección y de las empresas; y, al mismo tiempo, tiene en consideración los intereses de todos los grupos integrantes de la compañía.

La coinformación en el lugar de trabajo

Si se consideran todas las experiencias, deberíamos preguntarnos si la cogestión no sería más eficaz y se podría llevar a cabo más de manera satisfactoria para todos en otro lugar, que no fuera el Consejo de Administración. Me refiero, en particular, a la coinformación[1] en el lugar de trabajo, en todos los ámbitos y niveles. Está demostrado, desde hace tiempo, que de esta forma se consiguen mejores soluciones; pensemos en tan sólo los resultados de los *quality circles* japoneses. Muchos conocimientos técnicos no aprovechados aún pueden ser activados en nuestras empresas. La motivación de nuestros empleados aumentaría, si pudieran influir en la organización de su propio trabajo mediante la coinformación.

Cada vez más empresas del mundo occidental comprenden lo que nos han demostrado los japoneses. Recientemente parece que incluso nuestros sindicatos toman conciencia de

1. Para mejor comprensión de este concepto, consúltese el Anexo.

que existe una oportunidad para mejorar la calidad de la vida en el trabajo. No importa de qué manera se interpreta el término «humanización del mundo laboral»; sin duda, participar en las reflexiones y la creatividad en el lugar de trabajo forma parte de esta idea; y esta forma de participación interesa de verdad a los empleados. Difícilmente se puede decir lo mismo de la Ley de Cogestión, caso en el que los empleados se solidarizan con las exigencias de los sindicatos, sin tener una idea clara de la práctica cogestora. Si los sindicatos quisieran de veras luchar por los problemas del trabajador de la base, les resultaría rentable reestructurar de forma adecuada la regulación de la coinformación en el trabajo (véase página 140).

En la valoración de la Ley de Cogestión la coinformación no tiene sentido más que cuando existe la cualificación necesaria o la comprensión técnica suficiente. A veces esta premisa también debe ser tenida en cuenta en otros contextos. Y es que, con frecuencia, la dirección empresarial posee una competencia sólo limitada en cuestiones especiales, como, por ejemplo, en los campos artístico y científico. Aquí es indispensable contar con la opinión de especialistas. Y aunque no se pueda sustraer al ejecutivo de empresa la responsabilidad de la decisión empresarial, pues al fin y al cabo también las funciones especiales deben ser integradas en el funcionamiento general del trabajo, en cuestiones técnicas no se puede renunciar a la coinformación de los especialistas.

Coinformación en el servicio público

¿Se aprovechan todas las posibilidades de una coinformación apropiada en el servicio público? Hagamos unos breves comentarios a este respecto. Las funciones que sean de interés nacional, por su naturaleza, limitan las posibilidades de la cogestión. No obstante, sólo una pequeñísima parte de las actividades del sector público se califica correctamente «de interés nacional». Aclarar esta cuestión tendría, con toda seguridad, significativas consecuencias en nuestro Estado, también en lo que se refiere a la adecuación del *status* del funcionario en muchos campos de su actividad.

Estoy convencido de que la técnica de dirección moderna orientada a los resultados podría ser aplicada con éxito a la mayoría de los ámbitos de actividad estatal. Esto atañe a cometidos de, por ejemplo, la Administración en los ámbitos de la educación y de la sanidad públicas, en donde formas de pensar convencionales están impidiendo una evolución necesaria y urgente. Nuestros políticos deberían preguntarse, por lo tanto, hasta cuándo el ciudadano estará dispuesto a contemplar la ineficacia actual del Estado y el correspondiente despilfarro de impuestos. Puede que, en nuestro país, este tema no haya sido examinado todavía de forma suficientemente cualificada. Pero también podría ser que nuestros políticos mismos no tuvieran ni la capacidad ni el valor necesarios para abordar temas tan comprometidos. Pero, ¡algún día las necesidades económicas acabarán con esta tranquilidad de cementerio! No podemos ignorar que la industria no puede ganar por sí misma la lucha contra la competencia internacional. También el Estado en su ámbito tiene el deber de aportar lo que le corresponde.

Límites y consecuencias de la coinformación

Si recomiendo la implantación de la coinformación en el lugar de trabajo, no quiero dejar de advertir que no se deben cometer esta vez los mismos errores técnicos de dirección que en la Ley de Cogestión. Aunque también deba regularse a nivel formal, la coinformación en el lugar de trabajo tiene que centrarse en la consulta y la formación de opinión más que en la toma de decisiones. Exigiríamos demasiado a la jerarquía de las empresas si en los departamentos, en los centros de beneficios y en las divisiones llegáramos a crear estructuras como las que hoy existen en los Consejos de Administración cogestionarios.

El cometido principal de una nueva generación de la coinformación tiene que orientarse hacia la participación en cuestiones técnicas y profesionales en el puesto de trabajo. Este cometido en modo alguno puede ser confiado al Consejo de Empleados, que, según la Ley de Cogestión, representa intereses personales de los propios empleados. Sus conocimientos técnicos no serían suficientes para regular la coinformación en el trabajo. En vez de esto, todos los empleados tienen que ser invitados a participar en la estructuración del proceso laboral en función de sus conocimientos y sus experiencias. Tal cooperación significaría al mismo tiempo una mejora considerable de la autorrealización en el mundo laboral. Para exponerlo con toda claridad: Una regulación de la coinformación no trataría de extender las esferas de poder, ni tampoco de llevar a cabo una democratización, sino de estructurar mejor el proceso laboral y de aportar mayor humanismo al trabajo. La discusión de convicciones y diferencias sociales no corresponde ni al Consejo de Administración ni al lugar de trabajo. La compañía Bertelsmann ha desarrollado y probado una regulación de la coinformación durante diez laboriosos años. Los resultados son, tanto en el aspecto humano como en el aspecto técnico, sumamente satisfactorios.

La responsabilidad del Estado en las estructuras de la economía

Ha llegado el momento de que nuestro Gobierno determine de nuevo su relación con las dos partes del convenio, esto es, con el trabajo y la dirección. Es correcto, desde el punto de vista de las técnicas de dirección y desde el político, delegar las competencias en cuestiones estructurales de ámbito empresarial en el trabajo y la dirección, como partes contratantes del convenio. No obstante, en mi opinión, el Gobierno debería reconsiderar si ambas partes trabajan con auténtico sentido del bien común. La ausencia del Gobierno en esta cuestión me parece inadmisible. Para evitar malentendidos, permítaseme subrayar que no voy a abogar por un estado más poderoso en una época en la que nos demuestra a diario su competencia limitada. Pero quiero destacar la responsabilidad del Estado, que ha de reaccionar si la autonomía concedida a las partes contratantes del convenio se usa en detrimento de la comunidad.

Esta situación y la necesidad de acción estatal al respecto existen desde hace tiempo. Debemos recordar la evolución del derecho a la lucha laboral, los acuerdos de salarios de los años setenta con sus efectos inflacionarios y las iniciativas totalmente insuficientes para superar el desempleo.

En tal situación, lo que el Gobierno federal debe garantizar, como mínimo, es el diálogo entre los representantes de distintos intereses. En una democracia los representantes están obligados a participar en el diálogo. Pero hoy no sería suficiente revitalizar el concepto de «acción concertada» de entonces. La cuestión que ahora se trata es demasiado extensa para conferencias en la cumbre. Solamente un intercambio de opiniones permanente y detallado, en el marco de unas reglas de juego concretas, puede armonizar discrepancias tan importantes para toda nuestra sociedad. Sobre todo es completamente improcedente dejar las discusiones para el momento de negociar los convenios, en un ambiente ya entonces tenso. Los desarrollos apropiados y razonables exigen un trabajo sistemático. Y puesto que esto en la actualidad no es así, el Gobierno tiene que tomar la iniciativa. Otros países presentan ejemplos muy instructivos en este sentido.

La obligación del diálogo cooperativo

Presumiblemente el diálogo entre las partes tendría un cariz más constructivo, si se comprendiera mejor y, sobre todo, si se tuviera más en cuenta la obligación de cooperar con confianza que contiene la Ley de Cogestión. Deberían comprender lo que he expuesto todos los implicados, tanto los políticos como las dos partes del convenio: La premisa para un trabajo fructífero en el ámbito de la empresa de hoy en día –y más aún lo será en el futuro– es la cooperación y la colaboración.

Las tareas de la empresa son cada vez más difíciles y la presión competitiva internacional es cada vez más dura. Sólo mediante una real disposición a la colaboración de todos los intereses pueden alcanzarse a todos los niveles de la empresa la creatividad y la eficacia necesarias. Es ésta la única forma en que se puede garantizar la existencia y su adaptación a las circunstancias.

En el futuro, la mejora del nivel general de vida no podrá lograrse mediante la redistribución de la riqueza. Habrá que trabajar de manera más eficaz y, al mismo tiempo, más humana en las empresas. Sólo si tenemos éxito, nos podremos permitir un nivel de vida más elevado. Para ambas partes, el camino del éxito pasará por la «cooperación» y un «enfoque humano» de los problemas.

Me parece que ha llegado para ambas partes el momento de realizar un inventario básico de sus objetivos, y de desarrollar una estrategia nueva a partir de este punto. Toda reflexión tiene que partir de la idea de que la última misión de una empresa, y de la economía en general, es la aportación de alguna contribución a la sociedad. De forma análoga hay que aceptar los intereses de las partes, pero subordinándolas. La autorrealización personal en el trabajo ha de concebirse como una importante aportación a la humanidad y debe aspirarse a que sea asequible a todos. Esto puede tener lugar en el marco de una concepción gerencial moderna, pero no mediante una democratización de la dirección de la economía.

Con respecto a la futura calidad de vida, los ciudadanos deben comprender la importancia de la cooperación, la coinformación y la colaboración. Los medios informativos, los políticos y ambas partes contratantes deben hacer su contribución a este proceso. Soy consciente de que en democracia no es posible imponer nuevos conceptos sin mayoría. Por esto, la labor de convencer es tanto más necesaria. Procesos de aprendizaje comparables demuestran que estamos frente a un reto que nos ocupará durante un siglo. Precisamente por eso, merece la pena comenzar cuanto antes.

Todos los partidos de las democracias occidentales afirman en sus programas fundacionales el derecho del hombre a su autorrealización. También denuncian la necesidad de una mejor distribución de la riqueza, pero mantienen el sistema de economía de libre mercado. Estos objetivos políticos convencionales chocan cada vez más con la idea de que el sistema capitalista también será eficaz, aunque las inmensas aglomeraciones del capital hoy en manos de pocos sean sustituidas por una dispersión fuerte de las participaciones en el capital.

Es natural que este proceso de transformación entrañe problemas y hasta peligros. Ya me he referido a la reducida eficacia del directivo, que no tiene una participación monetaria en la empresa, en comparación con el empresario propietario. Sin embargo, estas dificultades pueden ser allanadas. Por supuesto, no mediante la democratización o por medio de fondos controlados a distancia, pero sí a través de una estructuración mejor y más flexible del mercado de capital y una correcta distribución de las competencias del capital y de la Dirección empresarial.

El capital tiene que volver a aprender a ejercer su influencia y a ofrecer condiciones empresariales de trabajo a la Dirección de la empresa. Como demuestran muchos ejemplos, estas necesidades se pueden remediar por medio de adecuadas técnicas de dirección. Todos deberíamos estar interesados en una mejora de las reglas del juego de la economía de mercado, tanto más cuanto que hasta ahora no se ha descubierto otra alternativa equivalente ni mucho menos otra mejor.

El concepto de empresa basada en la cooperación salva las diferencias entre capital, trabajo y dirección de empresa. Este modelo de empresa armoniza los diferentes intereses y orienta los esfuerzos hacia un fin común. La conexión entre eficacia y orientación a la persona responde tanto a exigencias de los implicados como de la sociedad.

La Constitución empresarial: Reflejo de la autoimagen de la empresa

Debido a las diferencias entre los seres humanos, una sociedad exige la existencia y el cumplimiento de normas. Éstas pueden haber sido heredadas como costumbres o estar escritas como leyes. Están influidas por costumbres heredadas, por nuevas realidades y conocimientos, y en especial por nuevos objetivos. Las reglas de una comunidad, al fin y al cabo, se basan en la naturaleza misma del hombre. Han de reflejar de manera adecuada las circunstancias de la época y de la comunidad. Un proceso continuo tiene que renovar sin cesar tales normas de conducta.

En tal caso, también organizar la comunidad empresarial es un cometido de importancia fundamental. El Estado y los representantes de la Dirección y de los empleados han establecido, mediante normativas, las reglas de base que rigen las relaciones internas en las empresas. Sin embargo, regular el propio orden interno siempre será uno de los más importantes cometidos empresariales.

Este orden interno ha de comprender a todos los que trabajan en la empresa y, sobre todo, a los que la representan. En nuestro tiempo, en el que las normas ya no pueden ser dictadas de forma autoritaria, sino que han de contar con la aprobación de todos los implicados, el proceso regular requiere un intenso proceso de formación de opiniones. Tan sólo aquellas normas que cuentan con el consenso de la mayoría tienen alguna posibilidad de ser eficaces. La imposición de órdenes con sanciones draconianas, posible en el pasado, es inadmisible, además de inconveniente.

El cambio decisivo de las premisas para el establecimiento de normas se basa en la creciente toma de conciencia democrática de nuestros empleados y en su derecho a la autorrealización. El empleado hoy en día ya no trabaja para la empresa o para el propietario del capital; trabaja en la empresa con la intención de buscar su propia autorrealización y, en la misma medida, para los fines de la sociedad. Por este motivo, sólo aquellas normas que estén de acuerdo con estos objetivos y con la autoimagen de los empleados serán respetadas y eficaces.

La iniciativa de elaborar la estructura interna de la empresa ha de partir de la dirección. Hay que regular aspectos de gestión, de organización y de ética. Más importante incluso, y quizá también más difícil, es definir la finalidad de la empresa de forma adecuada a su tiempo. En este contexto, hay que liberarse de muchos conceptos cargados de tradición. Pero la dirección sólo podrá emprender acciones con posibilidades de éxito si tiene una comprensión correcta de lo que la empresa es. La clave para la cooperación entre el capital, la dirección y el factor trabajo se encuentra únicamente en el consenso sobre la responsabilidad común. Las tres agrupaciones deben tener la convicción de que sirven a la misma finalidad y que, hoy en día, solamente la confianza y la cooperación garantizan el éxito de todos.

La elaboración y la reducción de los componentes de una constitución empresarial no es tarea de ideólogos, sea cual fuera su ideología. Según la experiencia, estas personas tienden a estructurar el orden interno de forma teórica y, además, desde la perspectiva de un solo grupo. Y, sin embargo, lo que necesitamos es una consideración adecuada de todos lo intereses, así como la comprensión de que estos intereses han de estar subordinados al fin de la empresa. En otras palabras, la pretendida autorrealización de los empleados, el afán de beneficios del factor capital y la voluntad de éxito de la dirección de empresa deben ser armonizados. Un cometido como éste exige experiencia empresarial y, al mismo tiempo, la convicción de que el trabajo de la empresa ha de beneficiar a la humanidad.

Al elaborar una constitución empresarial, ciertamente habría que considerar las experiencias de otras compañías. Pero quiero advertir en contra de la tentación de dejar elaborar las reglas internas de una empresa a un «especialista» interno o externo. Quizá de esta manera pueda lograrse un borrador. Pero la Constitución no puede aprobarse en base a esto. Un extenso diálogo previo ha de aclarar la problemática y contribuir a la formación de opinión de todos los grupos afectados. En este proceso saldrá a la luz una gran cantidad de opiniones diferentes. Su armonización no pude tener éxito más que a través de un extenso diálogo y en un ambiente de predisposición a cooperar.

En nuestra empresa, a lo largo de más de cien presentaciones y discusiones en grupos, me he esforzado no sólo en convencer, sino también en ser convencido. Al final, y tras muchos pasos de aprendizaje y compromisos, hemos elaborado unos estatutos, que hoy en día llevan las firmas del capital, de la dirección y del factor trabajo. El proceso de revisión y renovación de esta Constitución, que siempre será necesario en el futuro, habrá de hacerse de la misma manera. A veces me dicen que un procedimiento de formación de opiniones como éste es demasiado complicado; que sería mejor dejarlo a los políticos y a las partes contratantes del convenio. No hay, a mi juicio, nada más erróneo que tal afirmación. Ninguna agrupación externa dispondrá jamás de la capacidad y conocimientos necesarios para desarrollar un consenso interno, a la medida de la empresa. Sólo la dirección de la empresa puede y debe hacerlo. En cuanto al tiempo y al trabajo necesarios, desde hace tiempo quedó demostrado que una empresa basada en la cooperación produce un rendimiento mucho mayor, debido a la motivación de todos los implicados, lo cual justifica cualquier esfuerzo.

Durante las últimas décadas, nos hemos asombrado del éxito de la economía japonesa. Pero en el fondo, el aparente milagro japonés se basa nada menos que en el consenso y la predisposicón al esfuerzo.

La implantación de la Constitución empresarial

Con la elaboración y la aprobación de la Constitución empresarial, se da un importante paso en favor de la empresa basada en la cooperación. Sin embargo, el factor decisivo consiste en hacer de la misión y conducta acordadas una realidad cotidiana. Esto es ante todo un desafío para la dirección empresarial, y en concreto no sólo para el vértice gerencial, sino para toda la pirámide de directivos.

Las convicciones y los modelos de comportamiento nuevos exigen muchos ensayos. He observado, con frecuencia, que el grado necesario de comprensión se desarrollaba de manera más lenta en la base de la pirámide que en su vértice. Por desgracia, no es raro encontrar gerentes dominantes y dictatoriales al frente de centros de beneficios en nuestras empresas; su actitud es similar a la de los empresarios de tamaño medio. Hoy en día, los directivos de una empresa mediana pueden controlar casi todos los aspectos de su empresa y tomar decisiones por su cuenta. Por consiguiente, su auto-valoración se basa en el hecho de que se ven a sí mismos los únicos responsables del éxito de la compañía.

Una empresa debe defenderse contra planteamientos tan erróneos. Toda persona que mande sobre otras debe comprender, hoy en día, que el estilo de cooperación es el camino más eficaz. Cuando las tareas a realizar son simples, aún cabe dirigir de forma autoritaria; sin embargo, en empresas grandes y sobre todo en la empresa basada en la cooperación, un estilo de dirección como éste carece de sentido.

No sólo la dirección, sino también los empleados y sus representantes, han de desear y practicar la colaboración cooperativa. Desgraciadamente, los consejos que dan los sindicatos a los representantes de los empleados por lo general no son de gran ayuda en este sentido. Nuestros sindicatos aún se aferran a la ideología de la sociedad de clases, más propia a la lucha de trincheras. Pero después de un tiempo para acostumbrarse y crear un clima de confianza, a juzgar por las experiencias que he vivido, siempre es posible conseguir una colaboración cooperativa por parte de los representantes de los empleados. Por supuesto, esto presupone que se ha cuidado lo esencial de la cooperación, como la justicia y la orientación a la persona.

Los representantes del capital también deberían someterse a este aprendizaje. Quizá sea una exigencia exageradamente idealista esperar del pequeño accionista que comprenda los intereses y los derechos de los empleados de su empresa. No obstante, los representantes cualificados del capital –y así deberían ser siempre sus representantes en el Consejo de Administración– deberían saber cuáles son las condiciones para el éxito de una empresa, y de este modo aceptar la necesidad de la cooperación.

Si yo hubiera adoptado durante mi carrera profesional el concepto de «dueño de la casa», y hubiese renunciado a implantar mis ideas de justicia material y ayuda social, no siempre populares, la compañía Bertelsmann jamás habría llegado a su actual situación actual. Así, pues, recomiendo al capital, por su propio interés, que esté dispuesto a cooperar en las empresas y a comprender la dinámica económica de una empresa basada en la cooperación.

Vivir con una constitución empresarial exige una atención permanente por parte de la empresa. La estructuración interna de una empresa no finaliza nunca. Los principios que animan la empresa deben ser objeto de continua revisión, deben ser en todo momento adaptados a la época. En el trabajo de cada día, la existencia de una constitución empresarial reviste una importancia considerable, tanto en lo referente a cuestiones de personal como en lo tocante a decisiones técnicas. En casos de duda se decide en función de la actitud fundamental fijada en la constitución de la empresa, y en no pocas ocasiones nuestros empleados y sus representantes se remiten a sus derechos derivados de la constitución empresarial.

Tiene que quedar muy claro que la necesaria motivación de los empleados no surge por sí misma. Una gran cantidad de ladrillos integra la construcción de una empresa basada en la cooperación, tales como las múltiples regulaciones sociales, la participación en los beneficios, la participación en el capital empresarial y el sistema informativo, entre otros muchos. Todos estos factores tienen consecuencias que el empleado percibe y que influye en su valoración de la compañía.

Como ya hemos mencionado con anterioridad, dejamos que nuestros empleados valoren su empresa a través de una extensa encuesta. Las respuestas muestran de la mejor forma si hemos cumplido los principios de la constitución empresarial, o dónde es preciso que mejoremos nuestra actuación. Una comparación con encuestas parecidas de otras empresas demuestra una actitud positiva de los empleados con respecto a nuestra empresa.

Al mismo tiempo, se debería fomentar la implantación de la constitución empresarial por medio de una constante información, tanto interna como externa. Esta tarea no sólo corresponde al departamento de relaciones públicas, sino, sobre todo, a la dirección de la empresa. Ésta debería exponer su punto de vista en informes y publicaciones. En este sentido, se podría efectuar una importante contribución a la evolución sociopolítica y a las técnicas de gestión de negocios.

El espíritu que anima a una empresa basada en la cooperación surge del esfuerzo por obtener el éxito y al mismo tiempo por cubrir las necesidades humanas; en otras palabras, por alcanzar fines económicos y políticos a la vez. Precisamente en esta simbiosis reside la fuerza necesaria para superar la tarea del futuro. Todos tenemos responsabilidad asignada en un estado demócratico. No nos debemos limitar a cumplir órdenes y a vivir de acuerdo con la ley. También es nuestro deber aportar una contribución, dentro de nuestras posibilidades, para seguir avanzando en nuestra época. Todas las personas implicadas han de sentirse responsables, pero de manera muy especial la dirección de las empresas. La constitución empresarial, en tanto que reflejo de un nuevo espíritu empresarial, ha de entenderse como una contribución a la sociedad.

En la compañía Bertelsmann, la constitución empresarial recoge los principios descritos de una empresa basada en la cooperación que voy a presentar a continuación. Puesto que sobre la dirección empresarial recae la responsabilidad de implantar esta idea, se ha llevado a cabo la conversión de los puntos esenciales de esta constitución en los siguientes «Principios para la Dirección».

LA CONSTITUCIÓN EMPRESARIAL DE LA BERTELSMANN AG

Los accionistas, el Consejo de Administración, el Consejo de Dirección y el Consejo de Empleados de Bertelsmann AG dan a la empresa la Constitución siguiente, con el fin de establecer sus objetivos culturales y económicos, su lugar en la sociedad, y sus principios de cooperación interna. Invitan a todos los empleados a considerar obligatorios estos principios y a implantarlos en su trabajo.

LA EMPRESA Y SUS FINALIDADES

Somos una empresa de medios de comunicación, que proporciona información, cultura y entretenimiento en Alemania y en el extranjero. Para ello empleamos todos los medios adecuados disponibles. Nuestras empresas de producción, distribución y servicios también trabajan para clientes ajenos a la empresa.

La compañía ha de ser liberal y progresista. Trata de desarrollar bajo responsabilidad propia soluciones sociales modernas que resulten provechosas para la humanidad.

Nuestra labor editorial ha de promocionar la libre formación e intercambio de opiniones en la sociedad. Por eso nos contemplamos a nososotros mismos como la editorial de las alternativas, que publica opiniones diferentes y que aboga por la libertad y la diversidad en sus publicaciones. Esto se asegura mediante la descentralización y la delegación de responsabilidades.

Colocamos los límites de nuestra labor editorial allí donde se atente contra valores del orden democrático. En nuestra actividad internacional es nuestro deseo respetar y promocionar tradiciones culturales y particularidades nacionales.

Garantizar su continuidad y mantener su capacidad de obtener resultados forman parte de los fines de la empresa. Los ingresos por ventas y los beneficios no constituyen finalidades en sí mismos, sino indicadores para medir la importancia económica de la empresa en la sociedad y la capacidad de la dirección y los empleados. La capacidad competitiva permite a la empresa seguir evolucionando, mejorar su rendimiento, pagar intereses al capital invertido, asegurar puestos de trabajo y cumplir con sus deberes frente al Estado.

LA EMPRESA EN LA SOCIEDAD

Abogamos por un orden libre, democrático y social en la sociedad, ya que creemos que ello garantiza el grado máximo de libertad personal y que crea las mejores condiciones para desarrollos sociales posteriores.

Creemos que son necesarios los puntos que exponemos a continuación:

- Un sistema de libre mercado basado en los principios de la competencia, el rendimiento y una amplia distribución de la propiedad privada. Es responsabilidad del Estado garantizar la libertad de elección del consumidor y la libre competencia.

- Un sistema comprometido con la responsabilidad social, en el que los propietarios de los grandes patrimonios productivos acepten su obligación fiduciaria frente a la comunidad.

- Una estructura organizativa que ofrezca a todos la posibilidad del desarrollo personal con igualdad de condiciones, que asegure un reparto equitativo de la riqueza, la participación en el patrimonio productivo y la consideración social y que garantice un equilibrio entre derechos y deberes.

LA EMPRESA Y SUS EMPLEADOS

Asegurar la capacidad de rendimiento y el posterior desarrollo de la empresa exige de los empleados creatividad y la disposición de rendir. Confiamos en la iniciativa de cada uno.

Es importante que los empleados puedan identificarse con sus funciones, con los fines y actitud de la empresa, dentro de un marco de lealtad crítica. Esto sólo se puede lograr si se les informa de manera constante acerca de la labor y la evolución de la empresa y si tienen la oportunidad de aportar sus conocimientos técnicos y sus opiniones al proceso de toma de decisiones.

La capacidad y la actitud de la dirección influyen de forma decisiva en el éxito y en la continuidad de la empresa. A la hora de elegir al personal de dirección, la capacidad debe elevarse por encima de cualquier otra cualidad exigida a cada miembro de aquél.

Se debe garantizar a los empleados la máxima libertad posible para su desarrollo personal y profesional en el trabajo mediante la delegación de funciones, competencias y responsabilidades, sin restricciones burocráticas. Deben disponer de oportunidades justas para desarrollarse y cualificarse en aras del ascenso profesional.

Concebimos la formación profesional y vocacional constante como una tarea compartida por empleados y empresa.

Todos los empleados reciben a cambio de su servicio una remuneración basada en el valor establecido en el libre mercado por su contribución a la empresa. Además, consideramos que tienen derecho a una participación en los beneficios y en el capital de la empresa.

La justicia y la consideración social determinan la relación entre la empresa y sus empleados. Se concede asistencia social cuando el individuo necesita nuestro apoyo y las regulaciones estatales son insuficientes.

Las relaciones entre los empleados han de ser justas y cooperativas y han de servir a las finalidades de la empresa.

Los principios para la cooperación entre la dirección y los empleados han sido establecidos en los «Principios para la Dirección», que son parte integral de esta constitución empresarial.

Esta constitución empresarial no tiene carácter definitivo. Debe ser revisada continuamente y adaptada a los nuevos conocimientos.

14 de febrero de 1985

R. MOHN	Doctor M.	J. WERNER
Presidente del Consejo de Administración	WOESSNER Presidente del Consejo de Dirección	Presidente del Consejo de Empleados

Principios orientativos para la dirección en la casa Bertelsmann

PREÁMBULO

La capacidad y la actitud de la dirección influyen de un modo decisivo en el éxito de la empresa. Todo aquel que desempeña un cargo de dirección es responsable de su ámbito laboral y sus subordinados.

Los principios citados a continuación complementan la constitución empresarial de la Bertelsmann AG. Son normas obligatorias para la dirección.

Es obligación de quienes detentan un cargo directivo en cualquier nivel asegurar el cumplimiento de estos principios. Los empleados tienen el derecho de referirse a los principios de dirección ante sus superiores.

El Consejo de Dirección

LOS ÓRGANOS DIRECTIVOS

El *Consejo de Administración* nombra al Consejo de Dirección, le aconseja y supervisa sus actividades.

El *Consejo de Dirección* de la Bertelsmann AG determina la política empresarial y toma las decisiones fundamentales. Su actuación está regulada por la ley, así como por los estatutos de la compañía.

Los *Consejos de Dirección Divisionales* de la empresa apoyan a los miembros del Consejo de Dirección de la Bertelsmann AG en su función gerencial.

Los *Gerentes* dirigen sus áreas de responsabilidad de forma independiente, dentro del marco de la política y del presupuesto acordados con el Consejo de Dirección. Son responsables de sus resultados frente a este último.

Los *Directores de departamentos, subdivisiones y grupos*, dentro de las distintas compañías son responsables de su dirección y de los resultados de su ámbito de trabajo. Deciden y obran de manera independiente, dentro del marco de su responsabilidad.

Los *Comités de Coordinación* armonizan los modos de trabajar de las distintas empresas descentralizadas y contribuyen a promover el intercambio de información y de experiencias.

El *Consejo de Empleados* representa los intereses de los empleados de acuerdo con las normas de la Ley de Cogestión.

PRINCIPIOS DE DIRECCIÓN

1. La casa Bertelsmann se organiza según un esquema descentralizado. La organización de la dirección prevalece sobre la estructura corporativa basada en una legislación social.

2. La estructura subsidiaria debe organizarse con absoluta claridad. El papel de cada empresa debe estar perfectamente definido en la corporación. La dirección de cada firma tiene un único responsable.

3. El principio de la delegación es el fundamento de la dirección en todos los niveles. Los cometidos, las facultades y la responsabilidad han de corresponderse entre sí y deben ser transferidos –en la medida de lo posible– a los empleados.

4. Las finalidades de la corporación en su conjunto tienen prioridad frente a los intereses de compañías individuales. Todos los directivos tienen el deber de aportar una cooperación activa.

5. Cada nivel gerencial inmediatamente superior es responsable de la coordinación. La coordinación se lleva a cabo mediante decisiones individuales en función de normas de coordinación o mediante juntas coordinadoras, cuyas recomendaciones unánimes son obligatorias, tras ser autorizadas por la siguiente instancia superior.

LA PROVISIÓN DE POSICIONES DE GERENCIA

1. El rendimiento hasta entonces conseguido, así como la cualificación personal y técnica son los factores decisivos para la asignación de funciones de gerencia. Los empleados de la casa tienen prioridad ante otros candidatos, en caso de igualdad de condiciones.

2. La remuneración se basa en las tareas, el rendimiento y el éxito.

3. Con el fin de garantizar la continuidad de la dirección y el desarrollo de la empresa, los directivos deben ser preparados para desempeñar sus funciones con antelación. Deben tener la oportunidad, que corresponda a su nivel de desarrollo profesional y personal, para poder llegar a reafirmarse en una posición de gerencia.

4. Debe haber un sustituto para cada posición de gerencia.

5. El relevo de los directivos no debe omitirse por consideraciones personales, cuando su rendimiento no se corresponde con el exigido.

Hay que evitar la discriminación personal y social. Se debe tener en cuenta la anterior contribución del individuo a la empresa.

6. Asignar una función de gerencia, remunerar, relevar, así como la decisión sobre el sustituto y la sucesión para esta función son responsabilidades del superior inmediato, tras la coordinación de éste con su superior inmediato. Si no se llega a un acuerdo, es este último quien toma la decisión. Los empleados afectados deben ser informados de los cambios en la provisión de posiciones de gerencia con suficiente antelación.

ACTITUD GERENCIAL

1. Los directivos han de ser conscientes de la especial responsabilidad que se deriva de su cargo y deben demostrar permanentemente sus cualidades a través de una actitud ejemplar y de su rendimiento profesional.

Su actitud de entrega hacia el trabajo es determinante para la motivación de los empleados.

2. Los directivos deben desarrollar su iniciativa, su creatividad y su capacidad para implantar sus decisiones, y han de obrar dentro de su ámbito con una orientación social y hacia el éxito. Han de ponderar los riesgos de forma responsable.

3. Mediante su actitud, los directivos deben ejemplificar el deber de cooperación, frente a las otras empresas y departamentos, así como frente a sus colaboradores.

4. Las rápidas transformaciones técnicas, económicas y sociales exigen de los directivos que sigan formándose sin cesar.

5. Los directivos deben enfrentarse con los desarrollos sociopolíticos. Han de apoyar la constitución empresarial como parte del ejercicio de su función de dirección.

6. Los directivos deben permitir que sus colaboradores responsables obren y decidan con autonomía en sus funciones, para fomentar de este modo la iniciativa y el sentido de la responsabilidad, y para aumentar la identificación con su trabajo.

7. Los empleados han de ser informados extensamente y con antelación, como condición para realizar con éxito su trabajo. Hay que propiciar ocasiones para que tenga lugar el intercambio de opiniones. Sugerencias y críticas han de ser tenidas en cuenta y fomentadas.

8. El superior debe considerar e intentar comprender la motivación de cada uno de sus subordinados. Tiene que esforzarse por armonizar la motivación del individuo con los objetivos comunes.

9. El superior ha de intercambiar opiniones con sus colaboradores sobre los fines de su trabajo, aclarar las conexiones con objetivos generales y exponer las razones de sus decisiones.

10. El superior toma decisiones después de consultar a sus subordinados. En su toma de decisiones debe tener en cuenta los conocimientos técnicos y las ideas de sus colaboradores.

11. El superior inmediato da instrucciones. Si una decisión inmediata es indispensable, caben órdenes de niveles superiores en casos extraordinarios. El superior directo ha de ser informado de inmediato.

12. El superior ha de revisar el cumplimiento de los fines laborales y apoyar a sus empleados mediante consejos y medidas.

13. El superior debe estructurar las tareas y los recursos para el trabajo, así como el calendario laboral de los empleados, teniendo presentes su obligación de proporcionarles bienestar y la necesidad de cumplir sus objetivos profesionales.

14. El superior ha de apreciar y promocionar las oportunidades, tanto en relación con los hombres como en relación con las situaciones, reconocer los buenos rendimientos, hacer crítica constructiva y obrar con decisión frente a los problemas. El reconocimiento puede realizarse en público; la crítica hay que manifestarla en privado y de forma confidencial.

15. Todo superior tiene el deber de responder al deseo de sus subordinados de realizar evaluación y entrevistas personales. En caso de conflicto, debe ofrecer la oportunidad de entrevistarse con su superior inmediato.

Otros fundamentos de la empresa de cooperación

ASISTENCIA SOCIAL

De acuerdo con sus fuerzas, la empresa ha de dar apoyo a sus empleados allí donde las regulaciones estatales o de convenio se muestren insuficientes. La política social de una empresa, así como el concepto en que se basa, deben derivar del supuesto de que la reivindicación por parte de los individuos de alcanzar su autorrealización los vincula al deber de ser responsables de sí mismos. Este concepto social se corresponde por completo a la naturaleza humana, y, por lo tanto, a las exigencias de la humanidad. Llevar la política social hasta la protección del individuo contra cualquier riesgo, supone ignorar la naturaleza y dignidad del hombre. Incluso si admitimos que muchos de nuestros conciudadanos no son capaces de cumplir con su autorresponsabilidad, en cuyo caso son adecuados ciertos mínimos asistenciales, queda claro que debemos defendernos de la idea de que la comunidad o el Estado sean responsables finales de la existencia del individuo. Si entendemos que la autorrealización reside en la propia naturaleza humana, también hemos de aceptar que el difícil camino de la autorresponsabilidad y de la formación de la personalidad forman parte de la misma. Una vida sin dificultades y sin retos nunca desembocará en el desarrollo de las posibilidades del hombre, ni tampoco en su satisfacción y felicidad. En nuestro país, hoy en día, en este aspecto, hay que mostrarse precavido desde el punto de vista sociopolítico. La red de asistencia social existente es un seguro suficiente contra el peligro y la miseria. Siempre habrá necesidad de complementos y correcciones. No obstante, quiero advertir contra la ampliación sin límites del «progreso social». Un objetivo como éste resulta de gran ayuda para los partidos políticos en su lucha electoral; pero este planteamiento social es erróneo para el bienestar del hombre, aunque sólo sea a causa de que los recursos financieros existentes son limitados y, en consecuencia, su empleo tiene que estructurarse de manera óptima para la sociedad. No debemos cargar a la futura generación con las exigencias de la presente. Ello no sólo sería injusto para la siguiente generación, sino que también resultaría ser irresponsablemente costosa, debido a la reducción del potencial de rendimiento de nuestra economía estatal. Tenemos que comprender, pues, que una política social exagerada no es ni humana ni justa.

Estas afirmaciones son válidas tanto para el Estado como para una empresa. Una empresa debe hacer todo cuanto sea necesario, aun cuando no exista un deber legal que obligue a ello. Sin embargo, una empresa no debería pasar de ahí en el campo de la política social. Su obligación de rendimiento frente a la sociedad no lo permite. Cuando la reducción de los costes sociales genere mayores beneficios, entonces deberán entrar en juego las regulaciones propias de una empresa de cooperación que garantizan una justa distribución de la riqueza.

En relación con el ámbito social, quiero señalar las siguientes disposiciones existentes en la casa Bertelsmann:

Con aportaciones empresariales y donativos financiamos fondos para casos urgentes de necesidad. Se proporciona consejo y ayuda, sobre todo en aquellos casos atípicos de enfermedad y situaciones familiares difíciles. La administración del fondo es realizada por representantes de la empresa y de los empleados.

Las provisiones para pensiones crecieron de modo significativo gracias a un plan de jubilación corporativo. Considerando la política estatal de pensiones, esta iniciativa parece adecuada y necesaria a largo plazo.

Para varias de nuestras empresas, un seguro empresarial de enfermedad asegura la protección sanitaria necesaria, a alrededor de dos tercios del coste habitual de los seguros.

JUSTA DISTRIBUCIÓN DE LA RIQUEZA

El esfuerzo necesario en aras de un mejor reparto de la riqueza en nuestra empresa ha dado pie a la introducción de la participación en los beneficios y en el capital, aparte de un acuerdo razonable sobre sueldos y salarios. El beneficio de la empresa, en primer lugar, se utiliza para pagar los intereses correspondientes al capital aportado por los accionistas y los empleados. El resto se reparte en partes iguales entre capital y trabajo. La parte de beneficios de los empleados ha de ser reinvertida en la empresa como «capital sin voto»[1]. El rédito del capital sin voto es pagado como dividendo. Tras un tiempo de espera previamente establecido, los empleados pueden disponer de su participación vendiendo su parte en la Bolsa. Las inversiones de capital de nuestros empleados tienen una importancia considerable en la financiación de nuestra empresa. Esta forma de la participación en los resultados, además, mejora la comprensión del funcionamiento de una empresa, por parte de los empleados. De este modo, su interés por el rendimiento de la empresa aumenta, al igual que su predisposición para aceptar cambios internos en bien de la empresa. Con ello, no sólo se consiguió una aproximación de los puntos de vista de capital y trabajo. De acuerdo con nuestra experiencia, en el futuro los intereses de los empleados en el beneficio tendrán mayor influencia en la dirección de empresa que los del capital. Si tuviéramos que establecer una relación entre nuestro plan de participación en los beneficios y nuestros gastos de personal, ya en sí mismos superiores a término medio, se pondría de manifiesto que aquél tiene una importancia financiera casi dos veces mayor. Constituye éste un gran éxito en el camino hacia una mayor seguridad y libertad individuales.

El día 30 de junio de 1988, el capital aportado por los empleados ascendía a un valor nominal de 475 millones de marcos alemanes (unos 31 mil millones de pesetas). Durante este ejercicio fiscal se pagó un rédito de 75 millones de marcos (unos 4.875 millones de pesetas) en razón de estas inversio-

---

1. Para mejor comprensión de este concepto, consúltese el Anexo.

nes. Un comité compuesto por representantes de la empresa y de los empleados se encarga de vigilar la correcta implantación de este plan. Es evidente que tendremos que adaptar nuestra regulación de participación en beneficios a nuevas situaciones. No obstante, creemos haber dado un paso hacia delante con la solución encontrada.

La financiación

La financiación de una empresa basada en la cooperación cuenta con las posibilidades resultantes de la participación de los empleados en los beneficios y en el capital. Los empleados que participan del capital de la empresa han de comprender que la reivindicación de un reparto justo de la riqueza va ligada a un compromiso financiero. De nuevo recuerdo que la exigencia de un reparto más justo de la riqueza persigue un fin totalmente distinto al de la política social. Al participar en los beneficios y en el capital, el empleado también se encarga de funciones de financiación empresarial y de reducción de riesgos. En una empresa basada en la cooperación la estructura financiera tiene algunas particularidades que quisiera comentar a continuación, recurriendo a algunos ejemplos de la Bertelsmann AG:

EL CAPITAL DE LOS ACCIONISTAS

Los accionistas aportan a la empresa más de un 50 por ciento de su capital propio.

La política de dividendos se halla fuertemente reducida: sólo una cuarta parte del beneficio que, según el balance, corresponde a los accionistas, llega a ser repartido. De forma análoga, la empresa dispone de un elevado porcentaje de formación de capital.

Con el dividendo, los accionistas financian a las empresas del holding y sus gastos particulares.

EL CAPITAL SIN VOTO

El capital sin voto financia casi la otra mitad del capital propio de la Bertelsmann AG.

En un principio, el capital sin voto se formaba exclusivamente mediante las inversiones de los empleados. Hoy en día también inversionistas ajenos pueden participar en el capital sin voto. Se persigue una política de dividendos constante para este tipo de capital. El capital sin voto crece mediante la inversión de los importes anuales procedentes de la participación en los beneficios por parte de los empleados.

POSIBILIDADES DE EMISIÓN EN EL MERCADO DE CAPITAL

Mediante emisiones, la empresa puede aumentar tanto el capital de acciones como el capital sin voto.

El abastecimiento de capital por parte de los accionistas y de los empleados permite un crecimiento anual de la empresa del 15 por ciento, en una situación normal de beneficios. Así, la posibilidad de emitir en el mercado de capitales se contempla como una reserva.

LA APORTACIÓN FINANCIERA DEL FONDO DE PENSIONES

Nuestro fondo de pensiones fue creado por razones sociales y como técnica financiera, y fue dotado de manera generosa en extremo. Las provisiones para pensiones de la compañía Bertelsmann suponen casi el doble del promedio de otras grandes empresas en Alemania.

Información y coinformación

Para que los empleados puedan autorrealizarse en el trabajo, necesitan disponer de una información adecuada y de la oportunidad de expresar sus opiniones. En nuestra empresa mantenemos informados a todos mediante comunicaciones verbales y escritas de la dirección de empresa y de los consejos de empleados. El derecho a expresar su propia opinión se practica mediante la delegación de responsabilidad en los niveles jerárquicos más bajos, hasta el obrero especializado y el operario. El sistema de sugerencias también desempeña un papel importante. La regulación de la coinformación en el lugar de trabajo, desarrollada en nuestra compañía, ha llevado a una comunicación constructiva entre los empleados y sus superiores inmediatos. Dada la importancia considerable de este instrumento de coinformación, voy a citar a continuación el texto de los estatutos.

Estatutos para las «juntas de empleados» en la Bertelsmann AG

PREÁMBULO

La constitución empresarial de la Bertelsmann y los Principios para la Dirección se complementan con estos estatutos que regulan la participación de los empleados en el proceso de toma de decisiones correspondientes a su propio puesto de trabajo.

La constitución empresarial de febrero de 1985 y los Principios para la Dirección exigen que se informe continuamente a los empleados sobre el trabajo y la evolución de la empresa y que éstos tengan la posibilidad de aportar sus conocimientos técnicos y sus opiniones al proceso de decisión.

Esto no atenta contra el principio de responsabilidad exclusiva, típico en Bertelsmann.

Las discusiones de los empleados, previstas por estos estatutos, deben contribuir a la implantación de las exigencias formuladas en la constitución empresarial y en los Principios para la Dirección. Dado que son instrumentos de gestión, deben asistir a la Dirección en la toma de decisiones, e incorporar, en la medida de lo posible, los conocimientos técnicos y las opiniones de los empleados.

ÁMBITOS DE PARTICIPACIÓN EN EL LUGAR DE TRABAJO

Hay que mantener a los empleados informados al máximo sobre los sucesos en la empresa. Asimismo, aquéllos deben participar en el proceso de toma de decisiones, especialmente en las que afecten a su puesto y entorno inmediato de trabajo. En particular cubre los siguientes aspectos concretos:

- Cuestiones de normativas en la empresa
- Estructuración y reestructuración del puesto de trabajo y del departamento
- Ruido, clima y limpieza
- Regulación del horario laboral
- Cuestiones de organización
- Regulaciones y medidas para evitar accidentes laborales
- Planes de inversiones en maquinaria y otros medios de producción
- Introducción de nuevas tecnologías
- Cuestiones sobre garantía y mejora de calidad
- La situación de la producción y de las ventas
- Temas de actualidad en el departamento.

1. LA «JUNTA DE EMPLEADOS»

Las cuestiones más importantes del departamento son tratadas en las Juntas de Empleados. Hay que hacer una distinción entre Juntas Generales de Empleados y Juntas Especiales de Empleados.

1.1. Se tratan informaciones y decisiones referentes al departamento o a las divisiones, por un lado, e informaciones referentes a la empresa, por el otro, en la Junta General de Empleados. Ésta tiene lugar si es necesario, pero al menos cada dos meses.

En los departamentos pequeños puede llevarse a cabo

como junta general, dirigida por el responsable del departamento, y en la que participan todos los responsables, empleados, aprendices y el miembro del Consejo de Empleados responsable del departamento. Para garantizar juntas de empleados controlables y eficaces en departamentos grandes, los participantes son los que siguen:

- el director de departamento y su sustituto (uno de los dos dirige la junta)
- los directivos del departamento
- los empleados (cada grupo delega en un empleado)
- los aprendices (el grupo delega en un aprendiz)
- el miembro del Consejo de Empleados responsable del departamento.

1.2. La preparación de decisiones referentes a grupos de trabajo se realiza en la Junta Especial de Empleados, que se celebra cuando es necesario. Los participantes en ella son los que siguen:

- El director del departamento o un directivo escogido por él como director de la Junta Especial de Empleados.
- Directivos y trabajadores del grupo de trabajo respectivo (si la decisión incumbe a varios grupos, entonces cada grupo debe delegar a un empleado con conocimientos técnicos y temáticos especiales y a los directivos a la Junta Especial de Empleados).
- En caso necesario, directivos y/o empleados de divisiones o departamentos vecinos que podrían estar afectados.

- Otros empleados con conocimientos técnicos y temáticos (especialistas).
- El miembro del Consejo de Empleados responsable del departamento.

La composición de la Junta Especial de Empleados es determinada por el director del departamento, en coordinación con el correspondiente grupo de trabajo.
1.3 Por razones de información, de forma ocasional pueden participar en las Juntas de Empleados miembros de los niveles de dirección inmediatamente superiores, de la Dirección general y del Consejo de Empleados.

2. ORDEN DEL DÍA DE LA JUNTA

El presidente de la Junta de Empleados debe llevar a cabo la preparación concienzuda de dicha junta. Determina el lugar, la hora y el orden del día de la misma. Los miembros de la Junta de Empleados tienen el derecho a exponer sus propuestas al respecto.
Normalmente, el transcurso de la Junta es como sigue:

- Lectura de las actas de las Juntas de Empleados anteriores
- Breve informe del presidente de la Junta
- Discusión.

Cada participante de la Junta de Empleados tiene el derecho a exponer sus opiniones y propuestas. El presidente de la Junta debe, si es posible, lograr que la Junta llegue a un acuerdo sobre las cuestiones discutidas en ella. Si la opinión general de los participantes es contraria a la intención de decisión del director de departamento, entonces éste en primer lugar debe discutir las cuestiones en litigio con el consejero de los empleados. Si no se logra una solución, el director de departamento y el consejero de los empleados responsable del departamento exponen las opiniones contrarias a la dirección de la empresa, que entonces toma una decisión.

Hay que elaborar un acta sobre cada Junta de Empleados, en la que se deben incluir responsabilidades, fechas y plazos fijados.

3. INFORMACIÓN A LOS EMPLEADOS

Las informaciones de las Juntas de Empleados, que no son llevadas a cabo como juntas generales, deben llegar a todos los empleados del departamento o de la división, respectivamente. Para ello, se realizan discusiones en grupo lo más pronto posible después de la Junta. Las actas elaboradas en las Juntas de Empleados sirven como base de discusión. El moderador de estas discusiones debe presentar las sugerencias que surjan de las mismas al responsable de departamento.

Los resultados definitivos o parciales de cierta importancia que resulten de Juntas Especiales de Empleados se dan a conocer en la siguiente Junta General de Empleados del departamento o de la división.

EL RESPONSABLE DE LA JUNTA DE EMPLEADOS

La dirección elige a un representante de la junta que tiene la responsabilidad de velar por la adecuada implantación de dichas Juntas. También se encarga de asegurar que la participación en el proceso de toma de decisiones se esté promocionando y desarrollando.

Considero eficaz y adecuada nuestra práctica de coinformación de los representantes de nuestros empleados en el Consejo de Administración. Cada mes se celebra una sesión, de medio día de duración, de la comisión «Comité de los representantes de los empleados», en presencia del presidente del Consejo de Administración y –según el orden del día– de determinados representantes de la dirección de la empresa. En este comité se explican y discuten evoluciones y decisiones importantes. Los representantes de empleados manifiestan su punto de vista para atender a los intereses de sus representados. Las conversaciones tienen lugar en un ambiente de confianza y disposición a cooperar. Esta institución responde muy bien a las esperanzas puestas en ella.

A continuación voy a exponer un resumen de las regulaciones más importantes de cogestión y coinformación en la Bertelsmann AG.

Acuerdos de cooperación en la Bertelsmann AG

COGESTIÓN EN LA JUNTA GENERAL

La «Bertelsmann Vermögensverwaltungsgesellschaft mbH» funciona como grupo «holding». Su influencia corresponde al de una Junta General en una Sociedad Anónima. La «Bertelsmann Vermögensverwaltungsgesellschaft mbH» tiene seis socios con participaciones iguales. Éstas corresponden, según el contrato de la sociedad:

- 2 participaciones a miembros del Consejo de Administración
- 2 participaciones a miembros del Consejo de Dirección
- 1 participación a un miembro del Consejo de Administración o de la familia
- 1 participación a un representante de los empleados, miembro del Consejo de Administración.

COGESTIÓN EN EL CONSEJO DE ADMINISTRACIÓN

Los empleados tienen cuatro representantes en el Consejo de Administración, que se compone de un total de doce miembros.

Los representantes de los empleados se componen de tres Consejeros de Empleados y de un representante de los directivos. Los empleados ejercen su influencia tanto en los comités de trabajo como durante las sesiones plenarias del Consejo de Administración.

El «status» del Directivo

De acuerdo con el principio de la responsabilidad delegada, los directivos disfrutan de un alto grado de autonomía. La planificación de su área de responsabilidad es tarea suya. Los directivos participan del beneficio de la empresa como empresarios.

El trabajo del Consejo de Empleados según la Ley de Cogestión

La empresa promociona el trabajo del Consejo de Empleados, especialmente mediante una información intensiva y frecuentes diálogos.

PARTICIPACIÓN POR MEDIO DE LA JUNTA DE EMPLEADOS

La Junta de Empleados establecida por los estatutos concede a los empleados que forman la base de la empresa una oportunidad para expresar sus opiniones. Los resultados de estas discusiones son realmente constructivos.

LA CONSTITUCIÓN EMPRESARIAL HACE UN LLAMAMIENTO A FAVOR DE LA PARTICIPACIÓN

La constitución empresarial coloca al hombre en el centro de las actividades. Determina la actitud en la corporación y la responsabilidad conjunta. La constitución empresarial promociona la autorrealización del empleado en el mundo laboral e invita a la cooperación activa en la empresa.

Las disposiciones de la constitución empresarial tienen carácter obligatorio.

La oportunidad de ascenso

Otra posibilidad de autorrealización consiste en aprovechar la oportunidad de ascenso en la empresa. Un sistema de valoración del personal desarrollado de forma muy prolija en nuestra compañía informa a los empleados implicados y a la Dirección de empresa de las oportunidades de ascenso existentes. Escuelas propias y programas de perfeccionamiento extensos apoyan el progreso profesional. A este contexto también pertenece el sistema interno de oposiciones. Somos conscientes de que a largo plazo el éxito dependerá de nuestra capacidad de superar los retos que se nos presentan. Las inversiones en el personal y su formación siempre serán de gran importancia.

La seguridad de la continuidad de la empresa

El hecho de que una moderna empresa de negocios sea una parte integrante de una sociedad plural justifica la exigencia de su continuidad. El público, la dirección y los factores de capital y trabajo están interesados en la misma medida en esta continuidad, es decir, en mantener su capacidad vital. Si no se consigue mantener esta continuidad, las consecuencias serán graves para todos los involucrados. El Estado, consciente de esta realidad, ha demostrado en diversas ocasiones, sobre todo en la historia económica más reciente, que el interés general puede aconsejar la no pérdida de grandes empresas. El colapso económico no siempre es irremisible; en estos casos, siempre se pueden apreciar errores evitables. Aún no ha gozado de la necesaria atención el hecho de considerar la continuidad como una de la funciones de la dirección de la empresa.

En mi opinión, un planteamiento erróneo de la finalidad de la empresa es la causa principal de los fracasos. Sólo cuando hayamos logrado un acuerdo sobre que la empresa, en primer término, debe aportar un servicio a la sociedad, y que el cometido gerencial ha de comprenderse como un mandato, podremos llegar a conclusiones correctas para garantizar la continuidad. El componente más importante para el éxito empresarial, y, en consecuencia, también para su continuidad, es el correcto mantenimiento de los cargos directivos. Ahora bien, una estructura de dirección capaz de rendir y con el hombre apropiado en su vértice no es algo que surja de forma accidental.

Los responsables de garantizar una buena dirección empresarial son los mismos miembros de la dirección. El trabajo de personal, en lo que se refiere a los directivos, se debe planificar a largo plazo y ha de ser concebido como una labor estratégica. Se alcanzan las condiciones óptimas si la cima de la empresa se compone de directivos que ascendieron dentro de la misma empresa. Obviamente, es posible complementar la estructura directiva con personas ajenas a la empresa. No obstante, esto exige largo tiempo de adaptación e incluye un riesgo considerable, si no da resultados.

En la Dirección de una empresa mediana asegurar la continuidad del personal resulta a menudo difícil a causa de la propiedad y su afán de mantener la tradición familiar. Mientras una familia pueda designar un sucesor cualificado procedente de su propia rama, ello es con toda seguridad deseable. Ahora bien, la tradición familiar no debe ser elevada a la categoría de dogma. Hoy en día, el cometido de la dirección empresarial es en extremo complicado. No es un fracaso, ni mucho menos, que una familia propietaria no pueda legar un sucesor adecuado. El empresario saliente se encuentra entonces ante la obligación de asegurar la continuidad con un hombre de fuera.

La preparación de una solución sucesoria como ésta requiere un período de diez años por lo menos; es posible que todavía aún más. Se exige demasiado a muchas empresas familiares medianas en cuanto a la regulación para asegurar su continuidad. Normalmente, empresarios de empresas medianas nunca tendrán que solucionar tal problema durante su carrera profesional. No obstante, la responsabilidad frente a la empresa exige que se discuta de manera abierta esta problemática y que después se proceda a solucionarla con un plan. Entre otras cosas, recomiendo la ayuda de una comisión asesora empresarial para la solución de este importante cometido.

Si de esta forma no se consigue asegurar su continuidad, antes de dejarla morir por falta de una dirección cualificada, será mejor enajenar la empresa. En interés de todos los involucrados, es decir, del público, de los accionistas y de los empleados, es mejor asegurar la continuidad con un nuevo propietario que dejar que la empresa vaya a la quiebra.

En las empresas mayores, las regulaciones de sucesión no sólo se han de planificar y fijar por escrito para el Consejo de Dirección, sino también para el Consejo de Administración. La conveniencia de la regulación establecida se debe revisar cada año. Esta planificación también debe considerar la inesperada baja de un directivo, y definir quién, dado el caso, ha de encargarse de su sucesión. Considero que es totalmente irresponsable empezar a reflexionar sobre este tema, cuando el puesto ya ha quedado vacante.

La principal causa de las deficiencias con la que se asegura la continuidad se encuentra en el plantemiento que tiene la dirección empresarial de su cometido. Por desgracia, tenemos que ver una y otra vez cómo directores o ejecutivos con una brillante carrera no son capaces de llegar a la decisión de pasar la responsabilidad a tiempo al sucesor. Las causas pueden ser varias; en muchos casos tendrá importancia la idea de que los «jóvenes» aún no son capaces de responder al cometido. Tal actitud es comprensible; pero, desde una posición objetiva, sigue siendo equivocada.

No pocas veces, detrás de una omisión tal se esconden causas menos honradas. Y es que aferrarse a la posición de poder a menudo tiene razones muy egoístas. En especial el empresario radiante –fortalecido por el aplauso de los que le rodean– muchas veces se siente capaz de obtener el rendimiento correspondiente a su tarea y a su responsabilidad. Pues, ¿quién reconoce a tiempo que sus fuerzas ya no son las que eran y que su disposición para considerar nuevas ideas ha disminuido? Se mezclan con excesiva facilidad valoraciones y deseos subjetivos con errores objetivos. Sin embargo, aquel sobre el que recae la responsabilidad tiene que ser siempre consciente de que asegurar la continuidad en la dirección y la cualificación necesaria para este cometido debe prevalecer sobre los intereses personales.

Este hecho no se reconoce con claridad, ni en los altos cargos de dirección, ni en las esferas del poder. Demasiado a menudo se aceptan las consecuencias negativas de una ruptura en la continuidad como si de un revés inevitable del destino se tratara. Especialmente en este aspecto, en el futuro no nos podremos permitir tanta ignorancia e indiferencia. El público y los medios de información deben comprender que asegurar la continuidad de la dirección ya no es un asunto privado del empresario, sino que incumbe a la sociedad entera.

Las técnicas de dirección modernas, y sobre todo la planificación estratégica, pueden contribuir de manera importante a asegurar la continuidad de una empresa. Todos nosotros –la sociedad y sus instituciones– nos hallamos bajo los efectos de la evolución. Nuestra capacidad de seguir ésta es la única garantía en un mundo cambiante. Por esta razón toda empresa hace bien en comprobar si sus estructuras son lo bastante flexibles como para fomentar la evolución. En nuestro tiempo, que cambia con tanta rapidez, se ha de desarrollar la creatividad empresarial en todos los niveles de la pirámide de dirección. Las empresas con estructuras descentralizadas que conceden libertad de acción a un número elevado de directivos, ya han dado un paso decisivo hacia su continuidad. Sin embargo, la preocupación por el desarrollo de la creatividad en la empresa no debe limitarse a medidas de organización. La empresa debe tener una actitud hacia los empleados que les motive a identificarse en general con la empresa y sus objetivos.

Disponer de medios financieros adecuados también influye de forma considerable en la continuidad de una empresa. Una empresa bien dirigida, en mi opinión, siempre puede conseguir el capital necesario. Pero la financiación debe prepararse a tiempo y dentro del marco de la planificación estratégica. Diferentes premisas pueden conducir a soluciones financieras muy distintas. La planificación financiera debe estudiar más aspectos que la mera adecuación de la situación financiera de la empresa. También deben considerarse las consecuencias de los cambios en la estructura de poder al emitir capital nuevo. En este contexto, se deben tener en cuenta las consecuencias que tiene un caso de herencia, en especial en la empresa mediana. Por eso, las instrucciones testamentarias deben fijar soluciones viables a tiempo.

La Ley de Sociedades ofrece muchas posibilidades, tanto a la mediana empresa como a la gran empresa privada, de asegurar la reivindicación de la dirección por parte de la familia, incluso en el caso de que ya no posea la mayoría del capital. Desde esta perspectiva, también se deben considerar las posibilidades de financiación a través del capital de los empleados.

La empresa basada en la cooperación es consciente de su responsabilidad frente a la sociedad y frente a todos los grupos con intereses en la empresa. Asegurar su continuidad es uno de los cometidos más importantes de la dirección. Si no se responde a esta responsabilidad por razones personales o técnicas, se atenta contra una norma fundamental de la dirección de una empresa.

El diagrama de la página que sigue reproduce de forma simplificada las regulaciones para la continuidad de la dirección y la financiación en la Bertelsmann AG.

Esquema para la continuidad en la Dirección

Influencia en la Junta General de la Bertelsmann AG

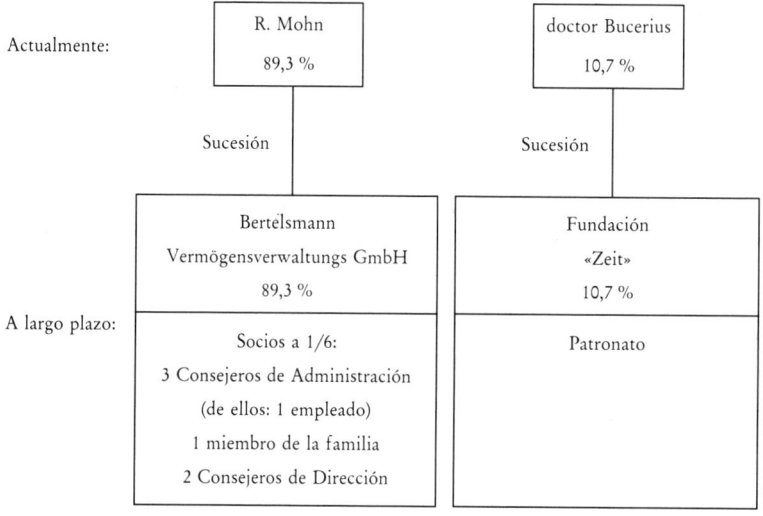

Garantía de la continuidad de la propiedad del capital

Participaciones en el valor de la Bertelsmann AG

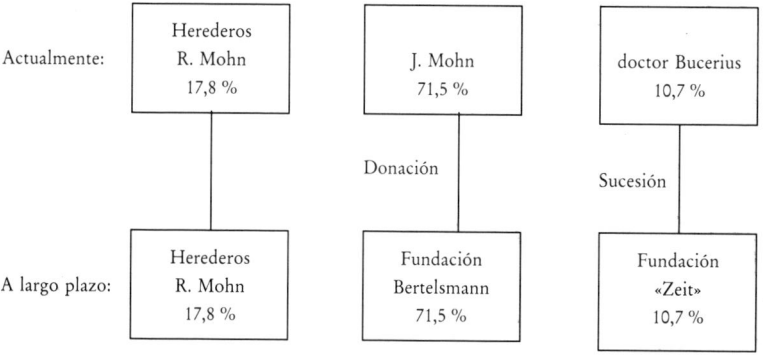

TRES

Requisitos para la evolución del sistema de economía de libre mercado

Nuevos objetivos y un nuevo estilo de Dirección para las dos partes del convenio

Al empresario corresponde la tarea de proporcionar una disposición óptima de su empresa, mediante la organización de su dirección. Los sindicatos y los miembros de los Consejos de los Empleados, por su parte, deben cuidarse de que el proceso laboral tenga en cuenta las necesidades humanas. Ambas funciones deben orientarse hacia el objetivo final de la empresa y armonizarse en un ambiente de confianza y cooperación. Ejemplos en Alemania y en el extranjero demuestran que a nivel empresarial es posible un equilibrio de intereses como éste. Y aun así, los resultados muchas veces no son adecuados y llevan a distorsiones considerables de la capacidad de competir. Concentraciones de poder más o menos casuales y diferencias en la capacidad de comprensión de las partes negociadoras son frecuentemente los motivos de tales situaciones.

Desde esta posición, la reorganización de nuestros sindicatos, llevada a cabo después de la última guerra en Alemania, a partir de la incorporación de experiencias del extranjero, me parece totalmente razonable. La unión de las empresas por sectores, por un lado, y la coordinación de los sindicatos por sectores, por otro, han demostrado esencialmente ser eficaces.

A pesar de todo, esta regulación también tiene debilidades. Es muy difícil que las normas contractuales posean la capacidad de adaptación necesaria, pero es algo absolutamente necesario hoy en día. La tendencia a unificar todas las normas referentes al trabajo no sólo está basada en prácticas heredadas, sino que también procede de la estructura actual de las organizaciones sindicales. Debido a los grandes cambios de los condicionantes de una economía, tiene que producirse un aprendizaje para seguir adaptando los acuerdos contractuales. Con el acuerdo de reducción de la jornada laboral ya se ha dado un primer paso. Me parece significativo que esto haya ocurrido bajo la dirección de un mediador que antaño pertenecía a los sindicatos. Fue ésta una decisión tomada con previsión y con prudencia. Esto demuestra, además, que la estructura organizativa de nuestros sindicatos es la adecuada.

El planteamiento autonómico de patrones y empleados, como partes contratantes, ya ha demostrado su eficacia en el pasado. Y aunque el equilibrio entre capital y trabajo tuviera lugar muchas veces de manera precaria y complicada, se puede demostrar de manera retrospectiva una evolución lenta a largo plazo, pero adecuada a las circunstancias. La intervención del Estado, como responsable en última instancia, fue necesaria sólo en ocasiones. Dicha intervención tuvo lugar cuando no se lograban acuerdos o avances necesarios, o cuando las discusiones alcanzaron formas inaceptables para el interés de la sociedad.

El Estado ejerció su responsabilidad de legislar mediante la promulgación de leyes. La intervención estatal, como también ocurriera en el caso de convenios entre dirección y trabajo, se limitó en esencia a la eliminación de inconvenientes graves. Las regulaciones con visión de futuro constituyeron no tanto la regla como la excepción.

No considero que sea una contradicción mi valoración de los sindicatos, ni tampoco el hecho de que la compañía Bertelsmann haya seguido una línea de gran autonomía en las cuestiones sociales y de derecho laboral. Reconocer la importancia sociopolítica de los sindicatos no significa, ni mucho menos, que yo acepte políticas y estrategias sindicales concretas. En nuestra compañía nos hemos propuesto estructurar la realidad interna de la empresa de forma humana y adecuada, por medio del esfuerzo común de las representaciones de capital, la dirección de empresa y el trabajo. Esta iniciativa ha desembocado en soluciones buenas y también podría influir como modelo en el enfoque de las negociaciones entre dirección y trabajo y para los políticos. De hecho, los resultados alcanzados por nosotros a partir del concepto de empresa basada en la cooperación son cada vez más observados y considerados. Y es que el éxito ha confirmado nuestra idea de manera evidente.

Nuevas premisas para las partes contratantes del convenio

Es evidente que siempre hay que preguntarse si una estructura que ha sido probada en el pasado promete éxito también de cara al futuro. Antes de dar una respuesta debemos comprobar primero si las premisas han variado o siguen siendo las mismas. Todos hemos experimentado, con el paso de las décadas, que una estructura social no puede tener carácter estático. Debe adaptarse una y otra vez a las realidades de la época respetando las necesidades de los hombres. Si comparamos su cometido actual y el del pasado, podemos apreciar diferencias considerables. Los cambios esenciales que han tenido lugar tanto para la política como para las dos partes del convenio, son:

– El grado de dificultad de las tareas de dirección se ha multiplicado. Por ello, las estructuras de dirección centralizadas se muestran igual de inoperantes que el intento de fijar detalladas normas de comportamiento.

– El ritmo de cambio se ha incrementado de manera considerable en todos los campos de la actividad. También en el futuro constituirá una característica de la época moderna.

– La autoimagen del hombre ha pasado desde la de ayudante de ejecución de algo hacia la de colaborador independiente, que persigue una parte de su autorrealización en su profesión.

Estas condiciones han exigido demasiado de los tres elementos del orden social, a saber, políticos, patrones y sindicatos. Ni sus objetivos, ni sus técnicas de trabajo han podido seguir el ritmo. La condición de incompetencia general caracteriza la situación aún hoy y es la razón del lamentable déficit en el proceso de armonización.

La estructura interna de las organizaciones patronales y la de los sindicatos se rigen por normas democráticas. Ya que dichas organizaciones están orientadas a la representación de sus miembros, su concepto democrático es correcto y se corresponde con nuestra idea de lo que es un sistema libre social y económico. Sin embargo, también aquí se hace notar de forma clara y penosa las debilidades de toda práctica democrática de dirección. La necesidad de intervención estatal es reconocida demasiado tarde y a menudo se trata de forma inadecuada. Se concede excesiva importancia a situaciones pasadas, en vez de orientarse hacia los retos actuales y futuros. La evolución económica y social ponen cada vez más de manifiesto que esta situación, por el bien de la sociedad, no debe permanecer así. La estrategia necesaria, como se puede comprobar, debe cumplir con los siguientes fines:

- La incapacidad de actuar, por parte de las burocracias democráticas, debe ser evitada a nivel empresarial mediante una extensa delegación de responsabilidades. Nuestros políticos y ambas partes del convenio deben limitarse a definir los criterios generales de actuación.
- El margen de libertad para desarrollar regulaciones nuevas y flexibles en materia laboral debe ampliarse en las empresas de manera considerable. Los representantes de los grupos de interés han de vigilar el cumplimiento de las normas-marco.
- El objetivo de igualdad de condiciones de trabajo para todos los empleados, hasta ahora perseguido por los sindicatos, debe dejar paso al cambio hacia una orga-

nización del trabajo más eficiente y orientada hacia la persona.

• La humanización del trabajo se sitúa en el primer plano de todos los esfuerzos, y sustituye en este sentido a la protección social ya ampliamente conseguida.

Se podría objetar que tal planteamiento llevaría a desigualdades y quizá, como consecuencia de la descentralización, también a gran cantidad de errores. Esta objeción está justificada. Pero al ponderar sin prejuicios los aspectos a favor y en contra de un planteamiento organizativo con responsabilidad delegada, se demuestra sin duda que tal práctica también favorece el desarrollo del orden social en general. En el campo empresarial se dio la misma problemática –con resultados parecidos– cuando se introdujo la técnica de dirección de la delegación de responsabilidades. Es evidente que aquí se trata de un aprendizaje de dimensiones gigantescas para nuestros políticos, para la parte del convenio y para las empresas. Pero no veo otra alternativa acertada.

Las nuevas estructuras, del todo necesarias, exigen una revisión de la cooperación entre dirección y trabajo y una comprensión de sus finalidades por parte de los políticos. En el pasado fue relativamente fácil decretar regulaciones para tal reorganización, dada la estructura centralizada. Sin embargo, esa época pertenece al pasado. Hoy en día, y todavía más en el futuro, el vértice tendrá que dirigir con criterios generales de actuación. La implantación del proceso de armonización propiamente dicho ha de tener lugar en los niveles operativos. Este cambio supone un reto considerable, tanto para empresarios como para Consejos de Empleados, porque la obligación de cooperar, implícita en esta situación, exige un enfoque totalmente diferente de todos.

En el pasado, los empresarios, debido a su posición económica y personal, eran más inmóviles que los sindicatos. La iniciativa por mejorar la situación social y humana pocas veces partía de los empresarios. En casos como el de los fondos de pensiones, en que la iniciativa empresarial contribuía al progreso social, fueron intereses económicos –en este caso las posibilidades de financiación– los que impulsaron tal desarrollo. Darse cuenta de que los empleados motivados rinden más y de que la orientación hacia la persona era una condición para el progreso, constituía un criterio de decisión poco común entre los empresarios. Casi siempre derechos imaginarios o reales, así como motivos egocéntricos, estuvieron en primer plano. Aún hoy, los patrones, más que actuar, reaccionan. En este contexto sólo es necesario pensar en los argumentos usados en las confrontaciones sobre temas como reducción del tiempo laboral, por una parte, y de la formación de capital, por otra.

Naturalmente, nuestros políticos conocen esta situación. Su función les obliga a implantar las evoluciones sociales necesarias. El procedimiento legislativo conlleva toda clase de inconformidades, tanto por parte de los sindicatos como por parte de las patronales. Las quejas de las dos partes, con motivo de las regulaciones legales, son justificadas no sólo desde un punto de vista subjetivo, sino también por razones objetivas. Al fin y al cabo, debemos hacernos cargo de la falta de experiencia de los políticos en algunas áreas dentro de su extenso campo de actividades. Esta afirmación no pone en duda su deber de intervención. Pero todo aquel que critica debería tenerlo en cuenta. Porque resulta que hay que destacar y corregir las evoluciones erróneas. Lo que se corresponde con un proceso democrático normal.

Valoración del concepto de finalidad de las patronales

En lo que se refiere al futuro de las patronales, querría plantear la cuestión de si una política de estas asociaciones con orientación de futuro no daría mejores resultados. La tendencia de los empresarios a quejarse y aceptar los cambios de forma pasiva, en primer lugar no lleva a nada y, en segundo lugar, es impropio del espíritu empresarial. La voluntad creadora del empresario debería expresarse también en las cuestiones del convenio y en el ámbito de la política social. Debido a su pragmatismo, los empresarios perciben los cambios con rapidez, y tienen más competencia que nadie para generar soluciones adecuadas. En este sentido, me parece necesaria una reconsideración de la actitud conservadora y pasiva de los empresarios. Es erróneo dejarse empujar siempre. Uno mismo tiene que ser la fuerza creadora: el ataque es la mejor defensa. Precisamente en este contexto quiero volver a hacer hincapié en el hecho de que un planteamiento como éste pertenece a una idea del cometido empresarial propia de aquella época cuya superación es una parte esencial de este proceso de cambio.

Hoy en día, la oportunidad de una política más constructiva por parte de los empresarios es especialmente deseable. Hace ya tiempo que todo tipo de incongruencias de la política económica socialista, derivadas de sus dogmas, se han revelado como errores. Los sindicatos todavía no han podido aclarar su nuevo cometido, adecuado a esta época, y se encuentran en una peligrosa crisis de autoimagen. Esta situación podría ser un extraordinario punto de partida para una política patronal triunfante. Los empresarios deberían responder a la estrategia de los sindicatos del modo siguiente:

- Desarrollando un planteamiento con orientación de futuro.
- Intensificando la formación de opinión y la solidaridad entre sus miembros.
- Facilitando una interpretación clara de su propio punto de vista en público.

¿Ven nuestras organizaciones patronales y sus miembros esta oportunidad? Si así fuera, su iniciativa sería propia de una política democrática.

Valoración de la estrategia de los sindicatos

Nuestros sindicatos necesitan –y también reciben– la solidaridad de sus miembros mucho más que las patronales. Más allá de sus errores y fallos, en general merecen el cumplido de representar de manera eficaz a sus grupos. Es comprensible que los sindicalistas siempre estén abiertos a exigencias cada vez mayores de su organización frente a los empresarios. Es más, se les convence una y otra vez por los éxitos de sus representantes en las negociaciones, por ejemplo con motivo de los convenios colectivos anuales. Una interpretación muy hábil, pero a menudo demagógica, de la política sindicalista aumenta la impresión de competencia en sus miembros. En cambio, las decisiones erróneas y los fracasos no son presentados de igual forma, ya que su materia no es muy clara en la mayoría de los casos y un comentario altisonante de los sindicatos puede plantear «compromisos viables» donde lo que hay es una derrota. Actitudes como éstas pertenecen a la parte negra de la práctica democrática. Sólo en muy contadas ocasiones, errores sindicalistas llegan a ser evidentes, como por ejemplo en el caso de la «Neue Heimat»[1]. Si esta experiencia volverá a ser olvidada o desembocará en una nueva política, constituye otro emocionante capítulo de la historia sindicalista.

Ambas partes del convenio reclaman para sí autonomía para negociar los convenios. Esta exigencia es aplicable desde la perspectiva de nuestro sistema político. Pero les obliga a actuar. No es justo cargar a los políticos el mochuelo de tomar las decisiones en las que dirección y trabajo han fallado. En una democracia, cada uno es ciudadano y cada representante de un grupo tiene el deber de actuar. Desearía que todos desarrolláramos una mejor comprensión de la democracia en este sentido.

Así como el éxito de una empresa depende en primer término de su dirección, también el vacío actual en la política sindical es una negligencia de la dirección. Es peligroso que organizaciones democráticas no comprendan la importancia de una labor de personal[2] adecuada. Después de todo, ésta es la clave del éxito. La objeción de que la labor de personal contradice el principio democrático, es verdadera en la práctica, pero no tiene fundamentos en el propio sistema democrático. Ni una sola organización grande en este mundo está dispuesta a renunciar a una sistemática labor de personal. Antes al contrario: es precisamente en este campo donde se realizan los esfuerzos más grandes y con mayor previsión. Seguramente no resulta fácil cambiar la política de personal de una democracia, pero no queda más remedio que hacerlo.

1. «Neue Heimat» ha sido una de las organizaciones más grandes de viviendas de protección civil en la RFA. Siendo una empresa en manos de la central sindicalista, fracasó recientemente por errores de su dirección. *(N. del T.)*
2. Para mejor comprensión de este concepto, consúltese el Anexo.

Nuestros sindicatos tienen actualmente buenas razones para reflexionar sobre si su pirámide de dirección cuenta con la cualificación suficiente. No debemos pasar por alto que el cometido de los sindicatos es también cada vez más difícil. Tampoco allí se puede dirigir ya de forma centralizada, decretando normas para todos y cada uno de los casos. El margen de libertad de los funcionarios ha de crecer, al igual que su capacidad. Esto lo exige precisamente el reto que supone la legislación de la cogestión, tan aplaudida por los sindicatos. En este aspecto los sindicatos han experimentado muy claramente los límites de su competencia. Una mayor flexibilidad en los convenios, indispensable en el futuro, y unos representantes de los Empleados más conscientes de su propia misión, no facilitarán la tarea de los sindicalistas. Pero también es cierto que el cometido de dirección, ante el que se encuentra la organización sindical, supone un considerable reto. Fijar nuevos fines, definir nuevas estrategias, dirigir y coordinar, todo esto ha llegado a ser una tarea de dirección de nuevas dimensiones. Si no se responde pronto a estos retos –también a base de un trabajo de personal adecuado–, crecerán las dudas sobre la capacidad de nuestros sindicatos de dominar su futuro.

Los empresarios se encuentran en una situación mucho mejor con respecto a la competencia personal de sus funcionarios y colaboradores voluntarios. La selección de los miembros en la patronal –centrada en el rendimiento por el trabajo profesional– destina en los puestos de mando a funcionarios mucho más cualificados. Si, aun así, la labor de las patronales no es suficientemente satisfactoria, esto es debido, no tanto a las personas, como a la falta de interés y a la escasa solidaridad de los empresarios.

Me parece que el deficiente rendimiento de los funcionarios sindicales se debe al planteamiento que han heredado de su tarea. Hasta ahora, cada paso adelante tenía que ganarse en una batalla contra el partido opuesto. La dureza y las amenazas fueron de mayor ayuda que la labor de convencer. Los miembros de los sindicatos, por su parte, fueron convencidos a través de los éxitos logrados por sus funcionarios y correspondientemente apoyaron la actitud de su dirección. Parte de esta política sindicalista fomentaba un ambiente de lucha de clases; una confrontación permanente creaba un ambiente de lucha favorable entre sus miembros. Dentro de poco, todo esto no será suficiente. Ya no se podrá convencer con tales argumentaciones a los miembros, ni cumplir con el cometido de coordinación económica y sociopolítica que exige la comprensión de los intereses de la dirección empresarial y una actitud cooperativa.

Los sindicatos ahora tienen que responsabilizarse de la cogestión, cogestión que ellos mismos exigieron. Las debilidades que se han hecho notar en su competencia gerencial y en sus conocimientos profesionales, no quedarán ocultas ante los empleados de las empresas. Además, el trabajo en el Consejo de Administración recibe mucha menos publicidad que las protestas ruidosas en la calle. Los sindicatos mismos se han incluido en esta responsabilidad, y deben enfrentarse a ella –incluso siendo esto poco agradable para sus colaboradores–. Esta transformación del cometido aún tendrá ocupados a los sindicatos por mucho tiempo. Además, es éste un proceso que los propios políticos quisieron al decretar la Ley de Cogestión.

Ahora se muestra que los derechos también conllevan obligaciones. En la actualidad, el equipo de dirección en los sindicatos no cuenta con la preparación suficiente para hacer frente a la nueva situación. En mi opinión, para los sindicatos sólo existen dos alternativas: o bien intentan cumplir lo que pretenden o bien tienen que reconocer que se hallan incapacitados para cumplir con el mandato asumido. Mi pronóstico es el siguiente: No podrán cumplir con la estrategia de futuro, porque no es posible conseguir representantes para los Consejos de Administración que tengan la cualificación necesaria para ello. Quizá, después de un proceso de prueba y error, que durará décadas, tanto los políticos como el público comprenderán la situación e iniciarán las necesarias correcciones. Un pronóstico como éste quizá no sea alentador para los sindicatos, pero hay una alta probabilidad de que así suceda. Solamente quien tenga responsabilidades y experiencia en dirección podrá opinar sobre esto. De momento, aún estamos muy lejos de un proceso como el indicado. La actual exigencia de los sindicatos de ampliar la cogestión mediante la aplicación del modelo de la industria minera, pone de manifiesto su nivel actual de comprensión de la situación.

Tengo la firme convicción de que el estilo de trabajo cooperativo que apoyo no es una opción entre muchas en la empresa. En un futuro no muy lejano, debido a su cometido de creciente dificultad, cada vez más empresas se verán obligadas a cooperar con sus empleados en una atmósfera de confianza. Entonces comprenderán el valor de los diferentes componentes del comportamiento cooperativo. En el curso de este proceso evolutivo, la estrategia de los sindicatos de buscar conflictos será cada vez menos eficaz.

En lo que se refiere a su estrategia, los sindicatos deberán volver a definir su finalidad, después de haber revisado las premisas vigentes en la economía. Los puntos esenciales de esta nueva finalidad deben orientarse hacia una mayor cooperación en la empresa y autorrealización en el puesto de trabajo. En vez de la redistribución de riqueza y la igualdad, se debería perseguir la participación financiera en la empresa. En lugar de la cogestión en el Consejo de Administración, se debería abogar por una mayor coinformación en el puesto de trabajo. Sin duda, nuestros sindicatos han impulsado con éxito evoluciones sociales y sociopolíticas en los últimos cien años. Esperamos que también lo hagan en el futuro, pero de manera distinta.

El hecho, que tantas y tantas veces he señalado, de que las condiciones y los fines del trabajo empresarial han cambiado fundamentalmente, aún debe hacerse patente para las partes contratantes del convenio. Este proceso necesita tiempo, probablemente varias décadas. Aquel que se cierre frente a la evolución y los nuevos conceptos, quedará con toda seguridad fuera de juego. En los decenios pasados, los empresarios fueron demasiado a menudo las ovejas negras de la nación. Hoy en día son los sindicatos los que han de tener cuidado de no ser puestos en la picota algún día. Las consecuencias serían fatales: Una cuestión existencial para el movimiento sindicalista alemán. No debemos permitir algo de este tipo por razones de política de orden, pues aun siendo partidario de la empresa basada en la cooperación, estoy totalmente convencido de que también en el futuro existan conflictos entre los grupos. Sin embargo, quería dejar claro cuánto me interesa la renovación del papel sindicalista.

Para concluir, quiero volver a exponer las exigencias más importantes que deberían integrar el futuro trabajo de nuestros sindicatos:

- Disposición de cooperación en lugar de estrategia de confrontación.
- Más autorrealización en el mundo laboral.
- Más autorresponsabilidad, y no sólo solidaridad.

- Remuneraciones más centradas en el rendimiento, en lugar de nivelar diferencias.
- Participación financiera de los empleados en su empresa.
- Una política de convenios más liberal y flexible.
- Una colaboración adecuada a todos los niveles de la empresa.

La cooperación entre trabajo y dirección

En vista del cambio de premisas en las relaciones entre trabajo y dirección, cabe hacerse la pregunta de si su estilo de cooperar y de negociar es adecuado. El ritual harto conocido de luchas partidistas parece poco convincente. La atmósfera de trabajo no es la de una cuidadosa preparación y una argumentación adecuada, sino la del estruendo combativo y la demostración de poder. Demasiado a menudo cuestiones de poca importancia se discuten de modo encarnizado, lo que provoca un gasto de tiempo y esfuerzo totalmente injustificado, tanto en el terreno económico en general como en el político en particular. Los resultados de la disputa son para ambas partes muchas veces sorprendentes y pocas veces adecuados.

Este método de formación de opinión y de búsqueda de soluciones resulta anticuado e impropio. Todo aquel que tenga responsabilidades de dirección sabe cuán difícil ha llegado a ser encontrar solución a situaciones complejas. No debemos debatir diferencias de opinión en forma de lucha de clases. Sólo es posible decidir en función de un cuidado análisis de la situación y después de examinar todas las alternativas imaginables. Sin embargo, la competencia necesaria para tan complejas cuestiones ya no puede ser atribuida a una reducida comisión negociadora. En ambos lados, es indispensable la preparación de la temática mediante comités de trabajo. Nuestros políticos lo demuestran una y otra vez en su rutina parlamentaria. Debería determinar una decisión, no la potencia de un partido, sino el peso de los argumentos, teniendo como telón de fondo el interés de la sociedad entera. No es necesario insistir en que la huelga, como medida de fuerza sindical para llevar a cabo las negociaciones, no puede mejorar la calidad de las decisiones; en todo caso, acentuaría la disposición para negociar y llegar a un acuerdo. Sin embargo, me parece que se debe examinar con urgencia si la función de la huelga no se podría cumplir mejor mediante un arbitraje técnicamente competente. Parto de que la decisión del comité de arbitraje sería obligatoria. Las positivas experiencias de este sistema en Suiza podrían servirnos de referencia.

Las luchas dejan huella. Sus consecuencias son muchas veces peores que el descontento por una decisión arbitraria. Si es verdad que, en el futuro, sin disposición de cooperar no podemos alcanzar el rendimiento necesario, debemos preocuparnos por dar un enfoque técnico a los conflictos y evitar enemistades viscerales. Los ciudadanos de nuestro país han comprendido desde hace tiempo que existen límites a la política social. También se dan cuenta de que la lucha de clases no es el camino correcto para mejorar su nivel de vida. Están hartos de planes de redistribución de la riqueza desde que comprendieron que, al fin y al cabo, son ellos mismos quienes pagan sus propios «beneficios» sociales.

Nuestros ciudadanos quieren menos Estado y mayor libertad personal. Y también influirán, en futuras elecciones, para que se vuelva a dar un sentido adecuado a la autonomía de dirección y el trabajo. De modo que ahora se encuentra en sus manos justificar su propio contenido y modo de trabajar. Aquí no debemos esperar mejoras rápidas. La formación de opinión en una democracia requiere tiempo. Y, sin embargo, también es cierto que el convencimiento de la mayoría de nuestros ciudadanos es capaz al final de corregir evoluciones erróneas. En interés de nuestro estado democrático, tenemos la esperanza de que dirección y trabajo se muestren capaces de obrar por sí mismos y de llevar a cabo sus propios cometidos. Pero si, aun así, el *status quo* permanece tal como es hoy, entonces deberán actuar los políticos.

Cambios necesarios en el sistema democrático

En este apartado, como empresario que soy, más bien quiero formular preguntas que dar respuestas. Mi carrera me ha dejado poco tiempo para ser activo en organizaciones democráticas. No he cumplido con la exigencia de «más empresarios en política», muchas veces reclamada en público, y, en el fondo, tampoco la considero realizable. Las responsabilidades del empresario no dejan sitio para aceptar un mandato como representante, por ejemplo, en el parlamento federal o en uno de los parlamentos de los diferentes Estados federales. Los ejemplos que se podrían presentar como intento de probar lo contrario no son convincentes.

Durante toda mi vida he estudiado sobre la dirección de las empresas y he acumulado una amplia experiencia. Me ha quedado claro que cometidos fundamentales diferentes, como por ejemplo los de la política, la economía, la milicia o las organizaciones gremiales, en parte desaconsejan, aunque en parte sí permitan la adopción de principios gerenciales iguales. De todos modos, una comparación de técnicas gerenciales es útil, no sólo en el caso de cometidos parecidos, sino también cuando son totalmente diferentes o cuando se trata de valorar o mejorar nuestra propia idea. En este sentido, me permito hacer unos cuantos comentarios referentes a la situación de la técnica de la dirección de empresas en nuestro Estado democrático. Opino que un análisis como éste es el resultado de nuestro compromiso democrático.

La afirmación, acertada en el mundo de la economía, de que la capacidad de la dirección es el factor dominante del éxito de una empresa, me parece también bastante válida en otros campos de actividad. Aquí, deberíamos entender la dirección en tanto que sistema y en su componente «personal». Muchos ejemplos históricos confirman mi interpretación.

Cuando valoro desde una perspectiva como ésta la función del Estado en las democracias occidentales, me cuesta emitir un juicio favorable. Me parece que el nivel de satisfacción de los ciudadanos, de los partidos y de los grupos de interés con respecto al Estado y la economía, es bajo y confirma mi escepticismo.

No quiero poner en duda la conocida frase, según la cual el sistema democrático, aunque funcione de forma muy deficiente, es el menos malo de los sistemas conocidos. Pero tampoco la quiero aceptar como cheque en blanco para justificar todos sus inconvenientes. Cabe plantear si no se podría mejorar de forma decisiva la eficacia de la política sin perder su esencia democrática.

En cualquier parte donde haya competencia, a largo plazo lo mejor supera a lo menos válido. La rapidez de la evolución de un sistema depende en gran medida de la presión, de las influencias que compiten entre sí. Las democracias occidentales han elegido de forma muy consciente el sistema de economía de mercado y el mantenimiento de la competencia para lograr una actitud de eficacia en el ámbito de la economía.

Desde hace mucho tiempo no hay duda alguna en economía sobre la importancia de una dirección competente. Por eso, absorbiendo todo lo posible de la experiencia internacional, las técnicas de dirección evolucionaron con enorme rapidez. Una literatura abundante sobre dirección de empresas y discusiones interminables documentan la transformación de las técnicas en la dirección de empresas. Las economías estatales y las empresas que intentan escapar a esta tendencia, en un tiempo más o menos breve resultan incapaces de competir. En la empresa, pues, se ha comprendido tanto la importancia de las técnicas de dirección como su necesidad de permanente evolución.

La escasa presión para evolucionar en el Estado

En cambio, en el ámbito político las condiciones para llegar a un método de trabajo adecuado, no se hallan lo suficientemente desarrolladas. Existe competencia entre los diferentes partidos políticos. Pero estos enfrentamientos son relativos, ya que hay una considerable diferencia entre las afirmaciones programáticas y promesas, y la política real. Una empresa define su estrategia y la realiza; un partido formula programas, pero apenas los pone en práctica. Las técnicas de la dirección en política apenas son objeto de debate público, exactamente lo contrario de lo que sucede en la economía con la teoría de la dirección de empresa. Los políticos incluso parecen contentarse con la rutina de la formación de opinión parlamentaria y del trabajo en los partidos. Se quejan del peso de ciertas costumbres, pero tienden a considerar inalterable el *status quo* por la falta de alternativas. El peso de las formas en la política y en lo estatal es, de hecho, inmenso y paralizante. Si esto no fuera así, seguro que otras democracias occidentales se habrían movido más en lo que se refiere a métodos de trabajo.

En el ámbito de la responsabilidad estatal y, en especial, en el campo de la rutina política, sólo se cambia cuando aflora una considerable presión ciudadana. En cuestiones parciales y problemas concretos quizás exista de forma ocasional cierta presión, pero, en general, el Estado y la política resultan poco afectados por fuerzas de este tipo. A esto se suma el hecho de que las sanciones personales por decisiones erróneas, o no son usuales, o son muy suaves, en el ámbito público. Incluso la presión financiera, de máxima eficacia en la economía, tiene un efecto correctivo nulo, pequeño o tardío en el Estado. Para el Estado es demasiado fácil conseguir dinero. Y es todavía más atractivo, para los políticos, hacerse populares mediante la generosidad financiera. Esta práctica reaparece en todas las campañas electorales. Todas las organizaciones tendrían que reaccionar y ahorrar en el caso de una situación de ingresos y liquidez amenazante. Nuestros políticos sólo en muy contadas ocasiones llegan a esta conclusión. Porque ahorrar dinero no es popular y supone perder votos de la masa electoral. Además, por su experiencia en dirección, nuestros políticos ni siquiera se plantean cómo y dónde se podría ahorrar en el ámbito público. De esta forma, resulta en verdad grotesco presenciar cómo las democracias occidentales se endeudan sin un mínimo esfuerzo de racionalización. Para entender la magnitud de este problema en nuestro país, sencillamente me remito a que el endeudamiento neto anual del Estado asciende alrededor de 60 mil millones de marcos alemanes, y sería innecesario si se mejorara en tan sólo el diez por ciento la eficiencia en el dominio de lo estatal. Si se tiene en cuenta la situación, un objetivo como éste no parece demasiado ambicioso.

Pese a que no observemos una evolución suficiente del Estado, por falta de presión financiera, sí que, al menos, se podría esperar una mayor exigencia en lo que se refiere a la disminución de las subvenciones. Pero también en este aspecto deberíamos ser realistas en nuestras expectativas. Hasta ahora, consideraciones de táctica electoral han llevado a una increíble ausencia de disminución de subvenciones. Y aunque los resultados de las inversiones estatales sean absurdos, como, por ejemplo, en el tema agrario, falta firmeza política para hacer lo que sería razonable. Un demócrata convencido de la idea de economía de libre mercado no puede comprender por qué se cuidan tanto algunos intereses minoritarios y se mantienen estructuras obsoletas a sus expensas.

Por lo tanto, no es probable que, a partir de la necesidad financiera del Estado, haya suficiente empuje para el desarrollo de una práctica gerencial democrática y estatal; sería imaginable que el pluralismo político de nuestros partidos generara algún cambio en el metódico desarrollo de nuestro Gobierno. Pero no tengo grandes esperanzas en este sentido. Nuestros políticos son prisioneros de su propia rutina. Conciben la democracia como un dogma inalterable y no se atreven a examinar de manera crítica ni las formas del trabajo de los partidos, ni la rutina parlamentaria. Para nuestros políticos, las experiencias de otros estados democráticos o los desarrollos de las técnicas de dirección de empresa no parecen relevantes. Incluso sus nuevas plataformas políticas, formuladas con sus propios y ambiciosos fines, ni se plantean tales tareas.

Se podría esperar que los medios de información y la crítica ciudadana ejercieran la presión necesaria. Pero tal esperanza subestima la dificultad de la tarea y sobrevalora los conocimientos técnicos de quienes apoyan la opinión pública. No ignoro la existencia, en diferentes campos, de voces críticas constructivas, que en publicaciones de relevancia hacen referencia a esta problemática. Sin embargo, dada la complejidad de la materia, la discusión tiene lugar en reducidos círculos. Por lo tanto, no se forma la opinión mayoritaria que se necesita en una democracia. Así, no hay presión ni se percibe obligación alguna de impulsar un cambio en nuestro Estado. Como empresario, por suerte, no he tenido que acostumbrarme a aceptar procedimientos tan ineficaces como inalterables. Por esto, y como conclusión, deseo volver a señalar las tareas más urgentes de un gobierno democrático:

- Es preciso que comprendamos la peligrosidad del *status quo*. La comparación rigurosa con la experiencia de otras democracias y de otros ámbitos de la vida nos descubrirá alternativas. Los conocimientos adquiridos de esta manera necesitan de una discusión pública, a fin de generar nuevas soluciones.
- No debemos concebir nuestro orden democrático como un dogma. Sobre todo, la rutina de partidos políticos y sindicatos debe ser cuestionada.
- El trabajo político de cada día se ha de orientar más hacia fines estratégicos. Tenemos que comprender que, hoy en día, la mayor libertad y responsabilidad individuales son más constructivas que el perfeccionamiento de cualquier regulación estatal.
- Deben imponerse límites efectivos a las cesiones de préstamos por parte del Estado.
- Las reglas de juego de la economía de libre mercado

deberían resultar válidas para todas las actividades económicas; o sea, también para las de ámbito estatal. Las subvenciones deben disminuir.

- Muchas de las funciones de la Administración y de los servicios públicos deberían ser privatizadas en beneficio de la comunidad. Pero las restantes funciones, en la mayoría de los casos, pueden ser mejor cumplidas, si se aplican técnicas de dirección empresariales.

Lamento que objetivos como éstos no se vean favorecidos o realizados en nuestro Estado a causa de la falta de presión suficiente. No se pondrá de manifiesto cuán costosas resultan las actuales negligencias hasta que sea demasiado tarde. Nuestras empresas siempre intentarán rendir al máximo en medio de la competencia internacional. Pero se debe tener en cuenta que la economía depende, en muchos aspectos, de la capacidad de funcionamiento del Estado. Un Estado ineficaz supone una hipoteca muy considerable para la eficacia de las empresas; no cabe duda de ello si se contemplan las economías socialistas de las democracias populares.

Nuestros líderes políticos deberían comprender todo esto antes de que sea demasiado tarde. La práctica gubernamental habitual de regular en un sentido y redistribuir en el otro y aún esperar aplausos, ya ha perdido toda razón de ser. En el futuro solamente viviremos mejor y con más dignidad si reducimos y reorganizamos con más eficacia la función del Estado. No deberíamos olvidar que la competencia de los sistemas a nivel internacional sigue su curso. Las evoluciones en las últimas décadas en Estados Unidos, en Japón y en Europa aportan un impresionante testimonio de que esto es así. No hay tiempo que perder; tenemos que revisar la estructura de nuestra sociedad y adaptarla a los requisitos del futuro.

Efectos y consecuencias de un concepto empresarial basado en la cooperación participativa

A simple vista, se podría valorar el concepto de empresa basada en la cooperación como una solución óptima para armonizar capital y trabajo. De hecho, sólo este resultado ya sería razón suficiente para trabajar de forma cooperativa en los negocios. Pero, al mismo tiempo, deberíamos comprender que la superación de la situación conflictiva entre capital y trabajo solamente no es más que un resultado parcial. Mucho más importantes parecen ser las posibilidades y resultados de un estilo de trabajo en cooperación.

La lucha de clases originada por la evolución histórica quizá resultó inevitable debido a la naturaleza humana. Sus resultados posibilitaron la transformación de un capitalismo indomable en una economía de libre mercado con una responsabilidad social. Este proceso hoy en día prácticamente ha finalizado. Las tareas del futuro, en lugar de duras confrontaciones, exigirán cooperación. La finalidad de las empresas ya no consiste en obtener los máximos beneficios, sino en aportar un servicio óptimo a nuestra sociedad. Esta definición debe ser comprendida.

El cometido de nuestra economía hoy en día es más complicado que nunca. El hecho de que necesitemos dedicar, en tal situación, una gran parte de la capacidad de nuestra dirección a armonizar capital y trabajo, y que, además, debamos registrar costes elevados a causa de rozamientos operativos, ya no es propio de esta época. Tras haber solucionado, en esencia, la cuestión social en nuestro país y, dado que la política de redistribución no puede aportar más resultados, debemos comprender que ahora se trata de trabajar de forma más productiva y creativa. Pero, para esto, es preciso contar con la motivación y el consenso de todos los que participan en el proceso laboral. Estamos frente al reto de estructurar nuestras empresas de forma tal que el individuo se identifique con su empresa. Si logramos esto, habremos operativizado un giganteso potencial de reservas de eficacia para la economía. Y, de forma paralela, se alcanzará un grado mucho mayor de satisfacción humana en el mundo laboral.

Sin embargo, no debemos creer que no existen conflictos entre grupos en una empresa basada en la cooperación. Los intereses y los fines de los diferentes grupos seguirán yendo en direcciones diferentes, pero ya no como antes. O sea, el ajuste de intereses y la armonía serán mucho más fáciles. El camino hacia tal situación nada tiene que ver con una «democratización», sino simplemente con la aplicación de algunas técnicas de dirección modernas y de una idea correcta de la finalidad de la empresa. La identificación de los empleados, que es absolutamente necesaria para la empresa, al mismo tiempo presupone mayor coinformación y autorrealización en el puesto de trabajo. También esto está relacionado con la participación en el éxito económico de la empresa. La Ley de Cogestión en este aspecto no presenta ninguna posibilidad convincente en este sentido. Es preciso que entendamos que tenemos que estructurar de otra forma la participación de los empleados.

En el futuro, la tarea de los factores de dirección y trabajo consistirá en conseguir un adecuado equilibrio entre los intereses del capital, la dirección y el trabajo. Desde luego, el proceso de armonización tiene que ser revisado de arriba abajo. La dirección y el trabajo, del mismo modo que el legislador, tienen que aprender que su influencia debe limitarse a las líneas generales de actuación. El perfeccionismo centralista no se sostiene hoy en día debido a la complejidad de las tareas. La puesta en práctica de las indicaciones marco debe tener lugar a nivel operativo. Sin embargo, la libertad de acción y la flexibilidad, necesarias para nuestras empresas, aún han de ser aprendidas por los empresarios, los Consejos de Empleados y los sindicatos. Esta manera de funcionar exige mucha más habilidad y responsabilidad que la anterior práctica basada en el decreto de órdenes. Pues se trata de trabajar de forma más humana y eficaz a la vez. Al iniciarse un desarrollo como éste, debe haber un proceso de reflexión que defina con toda claridad los fines y medios de futuras actuaciones. Esta línea de pensamiento puede caracterizarse por la necesidad de «cooperar en lugar de enfrentarse».

También la ciudadanía ha de participar en este proceso. Los partidos políticos y los representantes de la dirección y el trabajo deben presentar y justificar sus nuevos objetivos. Parte de ello es la discusión interna en la empresa, como también lo es la discusión en los medios de comunicación. Sólo de esta forma pueden surgir convicciones en una sociedad libre.

El proceso de armonización en la economía también tendrá efectos considerables en el ámbito de la política social. Incluso hoy, el debate sobre un orden justo y digno para el hombre en la empresa y en torno a la distribución de sus resultados domina el debate político. El irrenunciable propósito de llegar a un orden económico basado en la cooperación, no se alcanzará sin el ruido de la batalla. Pero si lo logramos, una de sus consecuencias será un importante alivio para los políticos. Una sociedad basada en la cooperación tendrá la fuerza de pensar con antelación y estructurar nuestro mundo de manera más humana. La armonización de la economía significará mayor calidad de vida y más satisfacción para el hombre. Las amenazas de crisis económicas disminuirán. En cambio, aumentarán las posibilidades de una vida llena de sentido. De esta manera, creo que tiene un fundamento la conclusión de que una economía basada en la cooperación traerá consigo una estabilidad política mucho mayor.

Algunas premisas para una evolución como ésta ya existen parcialmente en la actualidad; otras, están madurando. La exigencia a nuestras empresas de trabajar de forma más comprometida y, sobre todo, más creativa, se basa, por suerte, en el deseo y la capacidad de muchos empleados de aportar nuevas ideas y también de aceptar su responsabilidad. Los empleados de nuestras empresas ya no se esfuerzan si tienen que obedecer instrucciones de una jerarquía anónima, a la que ni comprenden ni pueden aprobar. De la misma forma, tampoco quieren ya tutela alguna por parte de los sindicatos. Nuestros empleados han aprendido a enjuiciar si los sindicatos realmente obran en su interés, o si persiguen fines basados en dogmas y que son perjudiciales para la sociedad.

Esto también es aplicable al estilo y la manera demagógica de discutir entre políticos y empleados. Ya hoy, y todavía más en el futuro, nuestros empleados son capaces de ver si sus intereses son representados de forma correcta y adecuada. La victoria lograda por el uso del poder convence cada vez menos. Tal ventaja para un único grupo a menudo es la causa de que todos vivamos peor. No nos engañemos: en nuestro tiempo cada vez más hombres van convirtiéndose en «ciudadanos maduros».

En la empresa basada en la cooperación se contemplan con indignación las batallas entre dirección y trabajo. Aquí resulta más que evidente que innecesarios altercados cuestan mucho dinero, incluso dinero de los empleados. Sin embargo, se considera todavía mucho más grave que tal práctica dañe la buena disposición a cooperar y la motivación de los integrantes de la empresa, ya que, de esta manera, disminuye su eficacia.

El camino hacia la cooperación

Dado que mantengo tan favorable opinión del modelo de empresa basada en la cooperación, lógico es que me refiera a las condiciones necesarias para poner en práctica un estilo de cooperación. En tanto que empresario, he aprendido que los fines deben ser realistas. Las utopías son peligrosas, tanto en la economía como en la política. Expresémoslo claramente: incluso las utopías bien intencionadas resultan peligrosas para la sociedad. La teoría socialista, tan fácil de aceptar, constituye un buen ejemplo de ello. Así, pues, el modelo de empresa basada en la cooperación sólo puede ser recomendado, en primer lugar, si es realizable, y en segundo lugar, si es eficaz.

Cabe preguntarse quién debería tomar la iniciativa. Es natural pensar en nuestros políticos, puesto que forma parte de sus tareas encauzar los modelos de adecuación sociopolítica. Y de hecho, en el pasado han reaccionado –aunque casi siempre tarde– si un cambio necesario no se producía por el inmovilismo de los grupos implicados. En este sentido, hay que insistir en la responsabilidad de la política con respecto a la necesidad de cambio.

Pero que sean nuestros grupos políticos los que tengan que conseguir y dirigir una evolución como ésta, me parece altamente cuestionable. En una sociedad democráticamente estructurada esto debería correr a cargo de quienes se hallan directamente involucrados. En este caso, los representantes de la dirección y el trabajo. Ahora bien, no debemos subestimar los obstáculos. Las representaciones democráticas por su propia naturaleza no son pioneras de la innovación. Por ello, creo que es más probable que tome la iniciativa el grupo que, debido a su quehacer profesional, vive a expensas de la innovación y de la voluntad de éxito. Este grupo no está representado por las patronales, sino más bien por la personalidad del empresario individual. Opino que el cometido y la experiencia profesionales de un empresario son condiciones óptimas para empujar esta evolución.

La necesidad de acción debería derivarse, no sólo de la teoría, sino sobre todo de la práctica. Pues no debemos olvidar que existen miles de empresarios y de Consejeros de Dirección razonables en nuestro país, que están a favor del estilo laboral de cooperación. También iniciativas varias en otros países confirman esta tendencia. Puede ser que todavía dure años o décadas, hasta que, del éxito de los pioneros, surjan la convicción y la práctica generales. Pues el camino hasta la puesta en práctica del estilo laboral de cooperación no es nada fácil y requiere un largo proceso de aprendizaje. Pero algún día el concepto de cooperación habrá madurado y pasará a ser normal y cotidiano. Estoy convencido de que el mayor éxito de este planteamiento empresarial facilitará por mimetismo el proceso de cambio.

Puesto que abogo por la iniciativa de los empresarios, cabe preguntarse qué pasos deberían darse para iniciar tan difícil empresa. La respuesta más lógica consiste en hacer alusión a la mayor posibilidad de éxito. Y de hecho, este argumento convencería más a aquellos que se sienten menos interesados por las finalidades humanas. Un empresario no quiere ser perdedor. Por esta razón, la mayor posibilidad de éxito radica en un importante argumento a favor del modelo de cooperación. Pero un planteamiento empresarial basado en la orientación hacia la persona apenas puede estructurarse de forma funcional sin un compromiso humano propio; el mero enfoque pragmático aquí no es suficiente. Quien no comprenda que esta forma de trabajar exige la subordinación de los intereses personales a la finalidad global de la empresa, incluyendo a sus trabajadores, apenas podrá afrontar esta tarea humanopolítica.

Existen razones de peso para que nuestra generación garantice a todos los hombres, si ello es posible, un amplio margen de libertad para autorrealizarse. Pero también aquí se aprecia que la libertad personal encuentra sus límites en los legítimos intereses de los demás hombres. De ahí que hasta el mismo empresario deba comprender que su afán de autorrealización ha de respetar los derechos de la comunidad de todos los factores existentes en la empresa. Solamente quien comprenda todo esto podrá empezar a introducir un estilo laboral de participación y cooperación en su empresa. Tendría que mencionar estos requisitos; pero no deben desalentar a nadie. Estoy convencido de que el hombre-empresario, en su propio bienentendido interés, concebirá su función como algo comunitario. Después de esto, todo lo que se necesita es libertad para la iniciativa y creatividad. Sin embargo, aquí el directivo empleado encuentra un obstáculo tremendo: el egoísmo y la falta de comprensión del capital.

Convencer al capital de que resultaría «beneficioso» que los empleados participaran en los beneficios y en el capital de su empresa, es una difícil tarea. Para empezar, ya no es nada fácil sugerir una actitud participativa al empresario-dueño; así, resulta mucho más difícil hacer comprensible tal planteamiento empresarial a un accionista sin responsabilidad gerencial. En este sentido, el Premio Nobel norteamericano Milton Friedman explicó con dureza y con un estilo típicamente americano que los gastos sociales voluntarios de una empresa constituyen un fraude contra los accionistas. En Alemania una afirmación de este tipo no resultaría hoy en día adecuada. Pero también es cierto que el derecho exclusivo del capital a los beneficios, incluso en Alemania, no se cuestiona más que en muy contadas ocasiones.

Para las personas que carecen de toda noción acerca del funcionamiento de la economía, esto es comprensible. También el típico accionista minoritario piensa exclusivamente en términos de propiedad y de derecho al beneficio. Para él resulta difícil comprender por qué pueden tener sentido ciertos gastos adicionales que se sitúen más allá de la mera remuneración, y cuyo objetivo sea motivar al personal. Y su comprensión de tal tipo de cosas se dificulta aún más si el propio dividendo pudiera estar en peligro.

Hoy en día forma parte de las funciones de la dirección explicar la realidad empresarial tanto al accionista como al público en general. Todo el mundo, y de modo especial los representantes del capital, deben comprender que una función tan radicalmente nueva de las empresas no puede ser realizada más que por directivos y empleados motivados y comprometidos. Quizá tal enfoque escandalice al capital. La posición del capital como factor del éxito de la empresa hoy en día ha pasado a ocupar el último lugar, detrás de los factores dirección y trabajo. Sin embargo, sería bueno que la relación entre capital, dirección y empleados volviera otra vez a tener una paridad terciaria. Sin embargo, un cambio de este tipo es todavía casi imperceptible. Por ello, de momento, es cometido de la dirección de la empresa basada en la cooperación aclarar también a sus accionistas minoritarios que el nuevo estilo laboral va en beneficio de la empresa y que por este motivo es de gran interés para el capital.

Frente al cambio al que nos enfrentamos, no deberíamos esperar demasiado de la capacidad de aprender del capital. En cualquier caso, yo no permitiría que se votara sobre la introducción de un sistema completo de empresa basada en la cooperación en la Junta General. Me parece más acertado un proceso de aprendizaje a pequeños pasos. Se debería comenzar con la técnica de dirección y sólo más tarde cambiar el modelo que exige la participación del capital. E incluso entonces procedería paso a paso y me esforzaría en demostrar al capital la contundencia de cada innovación. El conflicto entre capital y trabajo nos ha preocupado demasiado tiempo y nos ha costado mucho dinero. Deberíamos aprender de ello y estructurar de manera más cooperativa la evolución que ahora ya es inminente. Podemos confiar en que el éxito dará la razón al sistema de participación. Pero debemos concedernos el tiempo para demostrarlo.

Una comparación con evoluciones paralelas en el extranjero resulta de gran ayuda. Mientras que las empresas con estructuras socialistas o democráticas en otros países se muestran incapaces de evolucionar y aumentar sus rendimientos, experiencias en Japón y en Estados Unidos demuestran que las empresas son eficaces gracias a la motivación de sus empleados. También allí se emplean diferentes elementos del estilo laboral participativo, desde técnicas gerenciales, pasando por la coinformación de los empleados hasta su participación en los resultados. Las empresas en Estados Unidos gozan de la inestimable ventaja de trabajar en un país menos reglamentado. Por desgracia, en nuestro país el progreso se ve notablemente frenado con obstáculos legales y burocráticos.

Tan pronto como la dirección de una empresa haya comprendido la dinámica del estilo participativo, se logrará convencer al capital del nuevo reparto de papeles. Al mismo tiempo se deberá estructurar con más eficacia la influencia del capital y la implantación de la defensa de sus intereses.

Tengo menos confianza en la eficacia de un perfeccionamiento de la Junta General que en una mejor representación del capital en un Consejo de Administración más cualificado. Muchos ejemplos de excelentes empresas en Estados Unidos y en Europa demuestran que se trata de una finalidad realista. Sin embargo, ello exige un cambio en el modo de elegir el Consejo de Administración y en la forma de organizar su modo de trabajar. Un cambio como éste supone una parte de técnica de dirección moderna, que puede ser comprendida y aprendida. Además, una mejor representación del capital facilitaría el camino hacia un modelo participativo.

En cuanto a aquellas sociedades personalistas, así como para las empresas familiares que no coticen en la Bolsa, quiero insistir en la posibilidad de formación de capital que supone la participación de los empleados. La influencia del trabajo en la dirección de la empresa no es una contrapartida necesaria; todo asesor empresarial conoce posibilidades legales de formalizar acuerdos de esta naturaleza. Por lo demás, los empleados tampoco son, en general, tan insensatos como para pretender una nueva política de cogestión a través de la Junta General. Nuestros empleados están interesados en la retribución y en una participación en los beneficios. Y opino que en esto tienen razón. Quiero asegurar a los empresarios que persiguen mayores beneficios que la participación de los directivos y de los empleados en los resultados constituye un medio eficaz para llevar a feliz término una política de negocios de mayor éxito.

Al valorar el punto de vista de los sindicatos sobre la cooperación en las empresas nos adentramos en un tema complejo. Es obvio que los empleados, siempre que tengan juicio propio, aceptan el modelo de participación. Esto se ha demostrado tantas veces y con tantos ejemplos, que hoy en día ya no se pone en duda. Ahora bien, los representantes de los empleados adoptan una postura más bien ambivalente. Están acostumbrados a, e instruidos para representar los intereses de los empleados de acuerdo con las normas de los sindicatos. Sin embargo, la postura de los sindicatos frente a la participación y a la colaboración es más negativa que imparcial. No obstante, más y más representantes de los empleados se apartan de la tutela sindical y deciden según su propio criterio. Esta evolución también se observa no pocas veces en los Consejos de Administración cogestionados, lo que no debe sorprendernos, ya que quien conoce los problemas de la empresa por propia experiencia tiende menos a defender dogmas.

Por consiguiente, nos hallamos ante la sorprendente situación de que la dirección de una organización democrática se opone a los intereses de la mayoría de sus miembros. En nuestra propia empresa hemos vivido de forma drástica reacciones como éstas a la hora de la introducción de la participación en los beneficios y de la implantación de jornadas laborales flexibles. De modo que cabe preguntarse si la política de la Federación Alemana de Sindicatos y la de los sindicatos individuales quizá sólo a primera vista sea contraria a los intereses de sus miembros. Sería imaginable que la Dirección de los sindicatos estuviera convencida de que la colaboración participativa en la empresa fuese una utopía y, por lo tanto, estuviera dirigida contra los intereses de sus representados. Podría ser así, pero tal actitud sería una muestra de desconfianza frente al principio fundamental de la democracia, a saber, la capacidad de juicio de cada individuo.

Una dirección democrática tiene el deber de informar y de convencer a sus electores. Si se desconfía de la capacidad de comprensión de los votantes, se cuestiona la base del orden democrático. Y entonces hay que tolerar que pregunten si se actúa en interés de los representados o solamente para mantener una dirección y una jerarquía de directivos. Sea como fuere, el concepto de empresa de cooperación existe y nuestros sindicatos tendrán que enfrentarse a él.

En esta fase del proceso de formación de opinión, todo el que desee el progreso de nuestra sociedad deberá esforzarse en aras de un diálogo objetivo y constructivo. Quien conozca la materia que se lleva a debate, sabrá cuán difícil y complejo resulta. Ello también es especialmente válido para nuestros sindicatos. Un diálogo justo servirá más que el hermetismo y la terquedad.

La posición de los sindicatos alemanes aún está fuertemente influenciada por las experiencias de los últimos cien años. A lo largo de este tiempo, apenas se habría modificado sin una estrategia de conflictos. Aquí, el planteamiento de un estilo laboral de colaboración tiene que parecer extraño y radical. Más convicente suena, incluso hoy en día, la objeción de que intereses contrapuestos siempre han existido y también existirán en el futuro. Pero una reflexión como ésta no tiene en cuenta que las diferencias pueden y deben cambiarse por modelos de comportamiento totalmente diferentes debido a su menor conflictividad y a su obligación de cooperar.

Por ello resulta tan lamentable que la dirección de nuestros sindicatos sea tan versada en las reglas de juego democrático, pero tan ignorante de técnicas empresariales actuales.

No sólo la cogestión y la coinformación presuponen tales conocimientos, sino que los exige un estilo cooperativo de trabajo en la empresa, para realizar cambios sociales y generales e introducir una organización más humana del mundo laboral. Ello significa una ruptura grave con la práctica sindicalista del pasado. Antes, su posición de poder ya le confería la posibilidad de realizar desarrollos sociales. Pero ahora la evolución actual exige, además, el dominio de técnicas de dirección y, por tanto, considerables conocimientos profesionales.

Todo esto nos lleva a la conclusión de que nuestros sindicatos han de definir de nuevo su función y desarrollar formas de actuar que estén de acuerdo con ella. Bajo ningún concepto se podrán negociar, en el futuro, regulaciones concretas de procedimiento empresarial al máximo nivel y de forma centralizada. La única respuesta a la estrategia sindicalista consiste en dirigir mediante normas y limitarse a controlar su cumplimiento. La puesta en práctica de casi todas las resoluciones en el futuro tendrá que realizarse en la misma empresa, y aquí deciden los directivos y los representantes de los empleados.

Los sindicatos tendrán que reflexionar también sobre su actitud frente a la participación de los empleados en el capital de la empresa. Después de mantener durante décadas una postura de rechazo, se observa un giro favorable gracias a la presión de ejemplos afortunados; es interesante observarlo. Bien es verdad que los sindicatos se atrincheran aún detrás de soluciones modélicas que minimizan el riesgo del capital y que quizá también pretenden reforzar su propia influencia. Pero esfuerzos como éstos no durarán en el tiempo. Las objeciones y los objetivos de los sindicatos son en esta materia simplemente demasiado burdos. Una mayor consideración de las opiniones de la base en las empresas y mejores conocimientos de la técnica gerencial les serían de gran ayuda para formular una estrategia mejor. Y aquí los sindicatos no deberían equivocarse: nuestros empleados quieren, por un lado, la participación en los beneficios; y por otro, aprecian poco la capacidad gestora de su sindicato. Así, por ejemplo, impresiona poco a los empleados la objeción de los riesgos en caso de *crash*, posiblemente ligada a la pérdida del puesto laboral. Y es que esta argumentación sindicalista no es muy convincente: si una participación fuera tan peligrosa, casi nadie se interesaría en ella. De todas formas, nuestros empleados la tienen en cuenta. Con todo, se podría compensar fácilmente el riesgo en caso de pérdida del puesto de trabajo, mediante la emisión de participaciones cotizables en Bolsa. Cada empleado podría entonces eludir el riesgo financiero, mediante la venta de sus títulos.

Actualmente, en Estados Unidos más de la mitad de las acciones de la Bolsa pertenece a los fondos de pensiones, por lo general administrados por los propios empleados. La gestora de los fondos invierte sus recursos, así como todos los demás fondos de inversión, en acciones y vende los títulos si lo considera oportuno. Los escasos fondos de pensiones gestionados por los sindicatos compraron deuda pública «sin riesgo» en lugar de acciones. Y consiguieron el peor resultado de todos los fondos de inversión de Estados Unidos hasta el punto de que se llegó a la quiebra. De manera similar a la problemática de la cogestión en Alemania, habrá que concluir: «¡Zapatero, a tus zapatos!»

Querría tratar, con brevedad, las demás objeciones de los sindicatos con respecto a una participación en el capital. No se debe concebir la participación en los beneficios como una compensación de otras exigencias fundamentales. Es decir, con ello la labor de los representantes de la dirección y el trabajo continúa siendo necesaria. Hay que admitir que una participación en los beneficios de la propia empresa es en efecto más justa, pero puede crear desniveles sociales en relación con otras empresas y sus empleados. Tenemos que respondernos a la siguiente cuestión: ¿Qué es más importante, mantener la igualdad en todo el sistema económico o reflejar mejor el éxito de las empresas más eficientes? Creo que resulta evidente que existen varias respuestas a esta pregunta, y también me consta el punto de vista de los sindicatos. Yo no considero la estrategia igualitaria de los sindicatos humana ni justa. Si los sindicatos quieren mejorar de verdad la suerte económica de sus representados, no tienen que dedicarse tanto a una estrategia de igualdad y de redistribución, sino que deben interesarse por mejorar los resultados de las empresas. Dicha mejora puede obtenerse con empleados que tengan afán participativo y se sientan motivados. Aquí se puede consultar la historia de la evolución de los fondos de pensión privados en la economía alemana. Con seguridad, los fondos de pensión alemanes, según la iniciativa de las diferentes empresas, han provocado una mayor desigualdad. ¿Pero deberíamos, por este motivo, renunciar a estas instituciones y a sus efectos?

Si los sindicatos tuvieran ánimos para participar en el diseño de nuevos sistemas participativos en el capital de las empresas, más adecuados que los que están hoy vigentes, prestarían un gran servicio a sus representados, a nuestra economía y a nuestra sociedad. Podrían ayudar a redefinir el sistema capitalista de manera más humana y eficaz. Y nuestros empleados, como partícipes, podrían incluso volver a desempeñar funciones que el capital clásico ya no sabe realizar. Y de este modo el sindicalismo habría demostrado que ha comprendido el futuro de nuestra economía. Una estrategia como ésta parece tener mayor porvenir que el intento de defender posiciones ya probadas pero anticuadas, en interés de los propios sindicatos y de su función.

Para finalizar, me gustaría extraer una conclusión con respecto al modelo empresarial de cooperación y arriesgarme a efectuar un pronóstico sobre su posterior desarrollo. A mi entender, ya no se pueden presentar argumentos razonables y fidedignos en contra de este modelo empresarial. Tampoco me parece fundado el argumento probablemente más importante de que conlleva una excesiva exigencia para los involucrados, especialmente para los representantes del capital. Estos obstáculos se pueden superar en el marco del proceso de aprendizaje ante el que todos nos encontramos.

Por consiguiente, hago un llamamiento a políticos, empresarios, sindicalistas y, sobre todo, a los empleados en el sentido de que participen en la discusión. Las actuales dificultades de armonizar conflictos de intereses en el mundo laboral con métodos anticuados a diario son patentes. Por tanto, deberíamos estar dispuestos a explorar nuevos caminos.

El proceso de maduración e implantación de nuevas ideas exige mucho tiempo y una gran disposición para aprender. En aras del objetivo común, todos han de aportar lealtad y buena voluntad. Pero hoy en día sabemos que perseguimos un fin realista. Y tendremos cada vez más claros los efectos que podemos conseguir con el estilo participativo de dirección.

La reflexión, la predisposición a aceptar compromisos y el esfuerzo valdrán la pena. Las posibilidades constructivas del concepto de cooperación prometen un éxito mayor y más autorrealización y seguridad que todos los esfuerzos por conseguir una vida más digna por medio de regulaciones legales cada vez más numerosas.

El futuro pertenecerá a la cooperación y a la autorrealización en la empresa.

CINCO

Reflexión final: ¿Necesitamos aún empresarios?

Cuando la persona falla y los valores cambian

En la actualidad, existen opiniones diversas en lo que hace referencia al significado y a la importancia de la función del empresario dentro de la economía alemana. La mayoría de las personas no rechaza al empresario, pero se siente confusa frente a los fallos personales de algunos empresarios (por ejemplo, su abuso de poder, su desorbitada idea acerca de su propia importancia o su inadecuado nivel de vida). Tales críticas aumentan cuando el derecho a dirigir basado en la propiedad privada es heredado por personas que resultan incapaces de cumplir con su cometido, porque ni saben lo suficiente ni tienen el carácter necesario para ello. En situaciones como ésas resulta patente que el sistema capitalista esconde en sus entrañas grandes riesgos con respecto a la capacidad de mandar, que han de tener quienes dirijan, y con respecto a su potencial de generar injusticias. En el pasado, tales dudas quedaban disimuladas por los espectaculares éxitos que conseguían algunos empresarios. Pero hoy las condiciones de mercado y la nueva configuración de la sociedad en general difícilmente permiten éxitos individuales de tal envergadura. Por lo que resulta fácil comprender que el prestigio y estima que se tiene por el empresario vayan decayendo.

Además, hay que tener presente que la nueva consideración que los ciudadanos de las democracias se dan a sí mismos se basa en una mayor justicia, humanismo y autodesarrollo. Hay nuevos parámetros de medida. Y los comportamientos que no se hallan de acuerdo con este nuevo estilo de vida se juzgan con gran dureza. El caso es que el capitalismo nunca se ha distinguido por su enfoque humanitario. Y si, a pesar de eso, las democracias occidentales han optado por un sistema económico basado en la propiedad, es porque se reconocía que era previsible que ningún otro sistema económico ofrecería mejores resultados. Esto no siempre resulta claro para nuestros ciudadanos. Y, por esta razón, debemos ser comprensivos con su actitud crítica.

Las ideas de la izquierda y sus consecuencias

En otro orden de cosas, las críticas que hace la izquierda que trata de cambiar el sistema, deben juzgarse desde otra perspectiva. Cuando esta gente clama porque ha encontrado un sistema mejor, es preciso decirle que su apoyo a una economía de planificación central ha fallado completamente y que ni siquiera dispone de un soporte teórico creíble. Los errores principales del planteamiento económico socialista nacen de su apreciación equivocada de la naturaleza del hombre y de que subestima el grado de dificultad que supone la tarea de dirigir. El intento de suprimir el natural impulso de las personas hacia su autorrealización no sólo ha dañado su afán de logro sino que, además, ha anulado cualquier intento de desarrollo de la creatividad.

Génesis de la figura del empresario

El empresario es tenido en estima relativamente elevada, aun hoy en día, por quienes lo conocen y han experimentado los efectos de su trabajo. En un término medio, los empleados de un empresario manifiestan un asombroso respeto hacia la actitud y logros de su jefe. Y son conscientes de cuán importante es para su propio bienestar la gestión que aquél lleva a cabo, lo cual constituye todo un argumento de peso.

A estos juicios sobre el empresario que prevalecen en la actualidad, deseo añadir una breve descripción del proceso histórico de la dirección empresarial de la economía. En mi opinión, está justificado distinguir entre las actividades de los artesanos, los mercaderes y los agricultores del pasado y la función empresarial que, como tal, surgió por primera vez en el pasado siglo. Fue precisamente el conjunto de cambios economicosociales resultantes de la Revolución francesa lo que produjo el tipo de empresario que hoy conocemos. Los adelantos científicos y tecnológicos aportaron todo lo necesario para la industrialización y la producción en masa. La desaparición de limitaciones al comercio y las mejoras en el transporte hicieron alcanzables mercados de tamaños hasta entonces inimaginables. Además, en un principio, la competencia era poca y la carga fiscal baja. Condiciones todas ellas que dieron lugar a precios desorbitados y a la fuerte acumulación de capital privado. Los propios gobiernos de entonces aceptaban gustosos e incluso impulsaban este avance económico sin reparar en que, en efecto, tal sistema era incompatible con la sociedad.

¡Nunca desde entonces se ha dispuesto de una oportunidad de crecimiento y de acumulación de beneficios similar! El cambio se empezó a producir y manifestar una vez que, sometido a la democratización de la sociedad, el empresario perdió grados de libertad a causa de influencias sociales y sindicales. Esta remodelación social aún continúa en la actualidad. Las condiciones humanitarias han mejorado en muchos sentidos. Y de este modo, el sistema de economía de libre mercado de que hoy disponemos puede ser considerado el resultado aceptable de un compromiso social. Si bien el proceso de transformación aún no ha finalizado de manera definitiva, una vez resuelta la «cuestión social» en favor de un mayor humanismo y en función de una mayor eficacia económica, debemos encontrar la forma de hacer compatibles los deseos de autorrealización, justicia y responsabilidad social en el trabajo con mayores logros y con la evolución continua que ha de tener lugar. Creo que es ahí donde se encuentra la gran tarea del próximo siglo.

Darse cuenta de las oportunidades económicas de la Revolución Industrial alemana y apreciarlas constituyó un mérito de aquellos hombres cuyo quehacer configuró lo que más tarde se denominó «un espíritu emprendedor». Estos hombres acertaron a combinar el potencial de un mercado emergente con las oportunidades de un rápido desarrollo de productos y capacidades de producción. Su logro radicó en la obtención de una correcta contribución de cada componente, material y personal, al proceso de producción y distribución. Ello exige una extraordinaria creatividad y capacidad de juicio. Y estas habilidades raras veces se dan y sólo en grado limitado se pueden aprender. En relación con el elevado número de los que trabajan, es relativamente bajo el número de los emprendedores, quienes, con su don de la creatividad, determinan la evolución económica en el tiempo. Y en este sentido cabe destacar cuán poca importancia concedemos hoy a la actividad emprendedora cuando reflexionamos acerca de cómo mejorar el sistema económico. Algunos teóricos creen que el pensamiento sistemático y el constante trabajo son suficientes para el éxito. Pero no debemos engañarnos: sin la creatividad del emprendedor no habrá proceso significativo alguno en nuestra economía.

Rasgos del emprendedor y su mundo

La necesidad de autorrealización, de ponerse a prueba y de éxito son características especialmente pronunciadas en el empresario. Éste necesita seguir su camino. Lleva consigo coraje, se compromete y necesita libertad. Es crítico con los convencionalismos, así como con la erudición inútil. Detecta antes que los demás nuevos desarrollos y posibilidades. Está dispuesto a sobrellevar cualquier carga, si es preciso, para defender sus convicciones. ¡Y estas cargas no suelen ser ligeras, cuando se trata de abrir nuevos caminos! Así, pues, del emprendedor se exigen un extraordinario coraje, gran fortaleza y mucho aguante. Debe ser capaz de sufrir un largo camino hasta el éxito. Y no debe alterarse por el desdén ni por la mofa de sus contemporáneos.

En tanto que cabeza de una empresa, el emprendedor

debe ser capaz de imponerse, de motivar y de guiar a la gente. Y habilidades de esta naturaleza suponen contar con la sensibilidad necesaria. Porque la «labor de personal» ha llegado a ser, a lo largo del tiempo, la más importante de todas las tareas que realiza el empresario. Y él mismo necesita tener una filosofía de la vida muy clara que determine su actitud y establezca una relación personal positiva con quienes le rodean. La vieja idea de que el objetivo del emprendedor era maximizar el beneficio es, para el empresario de nuestros días, insuficiente y hasta peligrosa. El empresario, dentro de nuestro esquema social, debe ver en su cometido tanto los privilegios que éste conlleva como la responsabilidad social a que vincula. En lugar del derecho a la propiedad privada que garantiza nuestra Constitución, debe tener conciencia clara de que «la propiedad conlleva obligaciones». Ésta es la razón de la obligación, aún insuficientemente asumida por muchos empresarios, de informar a la sociedad en general y a sus propios empleados en particular de cómo va la empresa. Si el empresario actual es malentendido y malinterpretado se debe, la mayoría de las veces, a sus propias deficiencias en el campo de la comunicación.

El empresario no necesita tanto tener conocimientos e inteligencia, como cierto sentido posibilista y, al mismo tiempo, una habilidad imaginativa y algo visionaria capaz de sintonizar elementos muy dispares. Características estas que deben ir de acuerdo con las capacidades de formar y de juzgar. Su perseverancia desempeña también un importante papel en la creatividad: la idea salvadora y la idea de ruptura no nacen porque sí y sin esfuerzo. A veces es un error enfrentarse a un solo problema, porque con bastante frecuencia la solución aparece cuando uno menos lo espera y está ocupado en otra cosa. A lo largo de la reflexión aparece, de pronto, una combinación de aspectos que se puede constituir en solución viable de un problema. Aunque el empresario esté convencido de que se halla en el buen camino, también sabe que el coraje y la aceptación de riesgos son necesarios en todo momento. Ni los peligros, ni la soledad, tan frecuentes, debieran alterar al emprendedor, porque forman parte de su trabajo, de su mundo, como lo son la alegría del aprendizaje y la gran satisfacción que siente cuando el éxito va acompañado del reconocimiento. Por lo tanto, me parece justificada la siguiente tesis si tratamos de caracterizar el tipo de empresario que ha existido y existe, bajo las condiciones economicosociales de los siglos XIX y XX.

Los sistemas económicos: economía de mercado y economía planificada

El sistema de economía de libre mercado, cuya orientación va estrictamente encaminada hacia el éxito, tiene, entre otros efectos, el de producir sobresalientes resultados, así como formación de personalidades líderes de la economía. Hasta ahora ningún otro sistema ha dado mejores resultados que el mismo mercado con sus mecanismos de autoselección. Y esto es así tanto cuando el emprendedor triunfa como cuando fracasa. Por ello, puede resultar interesante realizar una comparación con el trabajo personal en el sector público. Los pobres resultados, la falta de flexibilidad y la insuficiente productividad del sector público constituyen un justo ejemplo de cómo no se deben hacer las cosas. El auténtico empresario no reclama seguridad o ayuda de la sociedad. Debe triunfar o retirarse. Y éstas son las reglas de juego del sistema económico que ha demostrado ser más fructífero en el mundo. Ninguna economía planificada, pese a sus distintas versiones, se ha provisto tan bien de recursos directivos ni los ha dirigido hacia el mercado. La constante presión actual para pensar en el individuo desde una perspectiva social supone un error en el caso del empresario. Él no espera ni exige tal cosa. La oportunidad de probar y la libertad para conformar realidades son para él algo mucho más importante. Y, sin embargo, debemos considerar que los riesgos empresariales en la era de las grandes escalas no afectan sólo al empresario de manera personal, y que, en consecuencia, deben armonizarse sus condiciones de trabajo con las necesarias limitaciones del riesgo para la sociedad.

Tal compromiso supone, por supuesto, un recorte a la libertad empresarial, pero salva el sistema. Al fin y al cabo, no se puede olvidar que los mercados internacionales de hoy prometen al empresario éxitos muy superiores a los que fueron posibles en el pasado.

La eficacia del sistema de economía de libre mercado descansa en la sinergia entre lo que se pide al emprendedor y su motivación personal. El mercado exige éxitos. El empresario los persigue como expresión de su afán de autorrealización. El mercado ofrece riqueza, poder y estima, lo que tentaría a la mayoría de la gente. La tarea que el empesario se autoimpone, en la economía de libre mercado, tiene que ver con la independencia y la libertad, condiciones estas apreciadas de forma intensa por las gentes con confianza en sí mismas. Al hacer esta caracterización, debemos prestar atención al compromiso ético y social repetidamente encontrado en los grandes empresarios. El acuerdo entre unas determinadas condiciones de trabajo y los objetivos personales del emprendedor resulta especialmente claro cuando ambas cosas se comparan con sus homólogos del sector público.

La autorrealización, en estas circunstancias, se enfrenta con una compleja red de normas y regulaciones que la limita seriamente. Si se acepta que un determinado sistema de gestión influye de manera decisiva en el éxito, se puede explicar fácilmente el lamentable nivel de eficacia del sector público.

El sistema de economía de libre mercado, representado por el emprendedor, también tiene credibilidad como elemento que satisface de necesidades humanas más allá de lo que consiguen los sistemas de economía planificada. En concreto, se debe destacar que el sistema de economía de libre mercado es superior al de economía planificada en todo lo relativo al desarrollo, lo que es necesario para nuestros niveles de vida. Incluso esta ventaja, que, en todo caso, procede ante todo del trabajo de la libre creatividad empresarial, debe ser acreditada al sistema de economía de mercado libre por tratarse de uno de sus componentes esenciales.

Una vez citadas las ventajas, sería un error no confrontarlas con las desventajas de la economía de libre mercado configurada por los empresarios. La economía de libre mercado se orienta hacia la obtención del éxito. Necesita libertad en las condiciones laborales y trabaja de manera incansable a fin de obviar e incluso de evitar cualquier obstáculo. Considera también un obstáculo la necesaria intervención estatal, aun cuando ésta, por ejemplo, vaya encaminada a proteger sus propias acciones mediante la legislación antitrust. Y así, cualquier otra legislación, laboral o fiscal, se acepta sólo muy a su pesar. De hecho, hemos aprendido que hacer compatible la necesaria libertad económica con las muy justificables restricciones que supone la defensa de las necesidades sociales presenta una dificultad que es probable que nunca se supere de forma completamente satisfactoria. Aún tenemos mucho que aprender: es necesario comprender que el sistema de economía de libre mercado no puede tener éxito a largo plazo sin unas relaciones sociales estables; pero la sociedad, a su vez, debe entender que la libertad en la economía es algo imprescindible para que ésta resulte eficaz. Es muy alentador comprobar que las actitudes en torno a esta cuestión son cada vez más convergentes. Incluso empieza a parecerme posible que, tras dos siglos de una política social dirigida a proteger a la clase trabajadora, la mayoría de las iniciativas que ahora emergen se basen en la idea de que el trabajo y el éxito son componentes fundamentales de la autorrealización humana, de acuerdo con lo cual se refuerza la idea de libertad y autodeterminación en el mundo laboral. Me gustaría citar como ejemplo el creciente compromiso de un número cada vez más elevado de personas con su propio puesto de trabajo, resultante de una mayor delegación de responsabilidades y de la autodeterminación. Puedo imaginar que la economía social de mercado, en su actual forma, empieza a experimentar un movimiento hacia una mayor libertad de relaciones y hacia un compromiso por parte de todos aquellos que se afanan por un mayor humanismo. En cualquier caso, tal evolución desde el capitalismo liberal hasta formas de trabajo más humanas y eficaces, ha tenido lugar con mucho más éxito en su forma de economía social de mercado que en cualquiera de los ensayos de reforma hasta el momento llevados a cabo en el seno de los países socialistas. Capitalismo y sociedad pueden ser compatibles sin costes apreciables. Parece poco probable que los países del bloque socialista vayan a tener éxito en el desarrollo de un sistema económico medianamente eficiente. Y la principal razón de que ello no ocurra estriba en que en dichos países no se comprende cómo la motivación humana puede convertirse en auténtica fuerza del sistema económico.

La evolución de la sociedad

No se deben subestimar las influencias recíprocas que mantienen el sistema social y el sistema económico. Para comprender el esquema de nuestra sociedad, que es, y así se debe reconocer, capaz de mayores horizontes, debemos echar una ojeada a la historia. A lo largo del siglo XIX los pueblos cambiaron a medida que las democracias se convertían en los sistemas dominantes de gobierno. Los vasallos pasaron a ser ciudadanos con sus propias ideas sobre sus vidas y sus relaciones con el Estado. Los sindicatos acompañaron este desarrollo erigiéndose en portavoces de los trabajadores y empleados y en impulsores de medidas protectoras con respecto a la sociedad, contra el exceso de trabajo y en cuanto a la enfermedad. A lo largo de este proceso hubo un recorte considerable de los privilegios del capital y se redujo de forma drástica la acumulación de capital por parte de los empresarios. Fue de este modo como se introdujo un cambio en el capitalismo cuyas consecuencias aún hoy en día no han sido superadas del todo.

Es preciso defender una mejor distribución del capital por motivos de justicia. Pero no se ha de perder de vista que tanto las condiciones de trabajo como la motivación del empresario experimentarán un cambio apreciable. Así, pues, en ningún caso se debe concluir que hay que dejarlo todo tal como está. Debemos mantener actitudes de compromiso con sistemas que tengan en cuenta estos futuros desarrollos. Tales esfuerzos hacia nuevos estadios del sistema capitalista son mucho más urgentes que el permanente perfeccionamiento de la red de asistencia social. Es posible encontrar soluciones a las reformas que se deben realizar en la economía y en la sociedad. Sin embargo, establecer nuevas estructuras económicas requiere una profunda reflexión y mucho tiempo. Deberíamos esperar de nosotros mismos ser capaces de guiar este proceso de cambio, manteniendo, al mismo tiempo, condiciones tales de motivación, que se mantenga la creatividad empresarial.

Del capitalismo liberal a la economía social de mercado

La transformación del capitalismo no fue resultado, simplemente, del cambio de las estructuras sociales. La propia economía tuvo que enfrentarse a tareas muy nuevas para ella: la calidad y la cantidad de los productos mejoraron a gran velocidad como consecuencia del progreso científico y tecnológico; la competencia internacional aceleró esta tendencia y provocó una tasa de desarrollo hasta entonces desconocida. En muchos campos de la producción sólo gigantescas instalaciones fabriles, con masivas inversiones, eran capaces de atender la demanda del mercado. Las estrategias seguidas hasta entonces eran tan inadecuadas para los nuevos problemas como insuficientes los capitales disponibles de las fortunas privadas de los empresarios para atender las nuevas exigencias de financiación. De este modo, ambas cosas provocaron un considerable aumento de la complejidad en el trabajo empresarial, que, además, de manera simultánea perdió parte de su anterior atractivo. Ello explica por qué una función como la del empresario, que antaño fuera acreditada, en la actualidad es tan controvertida. Incluso en los casos que aún se pueden encontrar entre la clase media de empresarios que desempeñan, más o menos, el mismo papel que en el pasado, se detectan crecientes dificultades de cualificación y financieras. En el pasado era frecuente que una compañía subsistiese bajo la propiedad y dirección de una familia; sin embargo, esta circunstancia es difícilmente realizable en la actualidad. En todas las empresas, los expertos y los directivos crecen en la escala jerárquica y fuerzan al empresario-propietario al abandono. Y en nuestras grandes compañías este proceso ha avanzado hasta tal punto, que se puede hablar con toda propiedad de una total separación entre dirección y capital. Por lo tanto, ha emergido una estructura empresarial completamente nueva, fruto de la influencia de las nuevas condiciones socioeconómicas. De ahí que debamos preguntarnos qué efectos tendrán en el sistema capitalista estos cambios más o menos inevitables. Veamos, a continuación, algunas consideraciones iniciales.

Efectos para el empresario

La estrategia original de mando del empresario, basada en el poder, ya no es viable en nuestro tiempo. El empresario debe aprender a permitir que los especialistas crezcan en su función, a delegar responsabilidades y a coordinar funciones. Su papel pasa a ser más el del coordinador y motivador que pondera los distintos componentes de un resultado, que el de quien dirige una o varias actividades. Y, al mismo tiempo, su función más importante continúa siendo la configuración de la política empresarial en su conjunto.

El cambio se ha convertido en un elemento de nuestra era que no puede dejarse a un lado. El cambio requiere formación y creatividad. Y la división del trabajo exige, cada vez más, el entrenamiento de los subordinados y los especialistas en tales capacidades. El empresario debe darse cuenta de que la creatividad y el deseo de trabajar suponen que quienes resultan afectados son capaces de identificarse con los objetos y la cultura de la empresa. En consecuencia, el empresario debe tener en cuenta, en su estilo de dirección, cuál es la forma mediante la que sus empleados directivos forman su opinión y deciden la cooperación.

Nuevas necesidades de financiación

Las exigencias financieras desbordan sin cesar la capacidad personal del empresario de levantar el capital necesario. El empresario debe considerar cómo conseguir capital de quienes, por sus actitudes, más se parecen a él, y ello a partir de todas las alternativas de financiación hoy disponibles. Si directivos y empleados desean participar en el capital de la empresa, esto tiene como ventaja adicional la financiación, esto es, el hecho de que es una buena oportunidad para que se entienda con más facilidad la función del capital dentro de la empresa, y se haga más fácil la toma de decisiones en beneficio de la empresa. En concreto, los directivos, de esta forma, resultan más entrenados, en el sentido de que toman decisiones y mantienen un comportamiento empresarial. Esto es un imperativo, aun cuando se reconozca que no es fácil generar un comportamiento verdaderamente empresarial entre los directivos, tanto si se les delegan responsabilidades, como si se les hace partícipes del éxito y de la financiación de la empresa. Cuanto más cerca se siente uno de un comportamiento empresarial, más fácil resulta que ello se incorpore a la manera de dirigir la empresa. Porque no debemos perder de vista que el desdoblamiento de la función empresarial en capital y dirección supone, en cualquier caso, un deterioro de la capacidad del sistema capitalista de generar resultados. Asimismo, no hay que olvidar que con mucha frecuencia los directivos anteponen a los auténticos objetivos empresariales sus objetivos personales, que se traducen en tamaño e imagen de la empresa. Al mismo tiempo, podemos contemplar cómo es cada vez más frecuente el tipo de capitalista puro interesado por el dividendo y no por el bienestar global de la compañía.

La separación entre capital y dirección

El creciente distanciamiento entre capital y dirección plantea también la cuestión referente a la medida en que se tiene en cuenta hoy en día la importancia de la guía del capital para el sistema capitalista. Se toman las decisiones de la Junta General y las reuniones del Consejo de Administración de la empresa se realizan de acuerdo con la Ley de Sociedades Anónimas; pero yo me pregunto si esto es suficiente. En general, son los consejeros de dirección quienes determinan las políticas de una Sociedad Anónima, aunque no tengan participación en su capital. La presencia de los representantes del capital en la toma de decisiones suele tener lugar sólo por imposición de éste y a menudo se considera más molesta que otra cosa. Y aquí es preciso subrayar que esto está completamente en contra de una de las fortalezas del capitalismo, a saber, la defensa de los intereses del capital en la formulación de la política empresarial. Es cierto que este problema lleva ya tiempo en la palestra. Pero también lo es que su discusión no ha tenido consecuencia alguna, ni práctica ni legal. Por lo tanto, ahora debemos enfrentarnos a la necesidad de contrarrestar esta degeneración del capitalismo, lo que en la práctica lleva a solicitar una mejor representación del capital, que debe estar en posición de dialogar con el ejecutivo. Este diálogo debe estar en concordancia con nuestros tiempos y ser cualificado, porque no basta con ejercer cierta función supervisora, sino que, además, es preciso colaborar en la formación de opinión en el Consejo de Dirección mediante el consejo y el diálogo. El Consejo de Dirección y el de Administración han de trabajar unidos de tal manera que simulen lo mejor posible lo que eran las prácticas gestoras de los empresarios.

El distanciamiento de la forma original de trabajar por parte de los empresarios se ha debido también a la forma en que se ha elegido y entrenado a la nueva generación de directivos. Se pone un énfasis excesivo en capacitarles mediante programas comprehensivos y globales para que sean capaces de enfrentarse a la creciente complejidad de los problemas. Y en este punto hay que criticar que aún no hemos sido capaces de encontrar una síntesis útil de conocimientos, experiencia y educación humanística. De momento, se concede demasiada importancia al conocimiento técnico, y demasiado poca a la experiencia y a la educación humanística. Y en esto debemos coincidir con el profesor Hans Werner de la «Kaderschmiede» para directivos de Fontainebleau cuando dice que «las empresas y las universidades europeas aún producen un exceso de números uno que son duros trabajadores y buenos especialistas en sus respectivos campos pero que, por lo general, tienen poca creatividad e inspiración». En casi ningún lugar se ha emprendido aún acción alguna encaminada a que en la próxima generación, se produzca un incremento del número de directivos con calidades empresariales.

Finalmente, pondremos de relieve que las nuevas condiciones de trabajo han provocado un fuerte descenso del atractivo de ser empresario. Algunos de los viejos empresarios se han resignado ante la nueva situación; pero muchos de los jóvenes directivos piensan que otras carreras ofrecen mejores oportunidades. Aunque el Estado anime a la creación de empresas y subraye la importancia de los empresarios para la economía –si bien, a decir verdad, se hace con susurros–, yo estoy convencido de que lo que se ha hecho hasta el momento resulta insuficiente para modificar los obstáculos, antes citados, a que se enfrenta el empresario.

¿Continuaremos necesitando al empresario?

Al llevar a cabo una valoración de todo lo anterior, surge la cuestión de si en el futuro se necesitarán o no empresarios. ¿Acaso las nuevas tareas de la dirección y los desarrollos sobre estrategia empresarial hacen que el empresario, factor determinante del éxito de dos siglos de historia económica, haya pasado a ser superfluo? Para responder a esta pregunta es aconsejable analizar el estado de desarrollo de la estrategia empresarial en las grandes empresas nacionales. Pero para ello hay que tener presente que, en ocasiones, el anterior éxito puede estar ocultando actuales debilidades, o lo que se persigue no es simplificar las cosas, por ejemplo juzgando una gestión tan sólo por su balance. Más lógico parece analizar las razones del constante cambio en el orden de las grandes compañías del mundo. En este subir y bajar influyen bastante factores como, por ejemplo, cambios en los mercados y los nuevos desarrollos de productos. Sin embargo, en mi opinión, la mayoría de los altibajos sufridos por grandes empresas son la responsabilidad y el resultado de sus respectivos equipos directivos. Me gustaría exponer mi propia definición de los errores-clave que puede cometer la dirección de una gran empresa. Son los siguientes:

Primer error: Tener sistemas de dirección centralizados y autoritarios, inadecuados al tamaño y complejidad de la tarea que hay que realizar.

Segundo error: El hecho de estar exigiendo demasiado al equipo directivo en términos de creatividad y flexibilidad que exige enfrentarse a la competencia internacional.

Tercer error: Hacer caso omiso o no prestar la debida atención al hecho de que los empleados tienen una imagen de sí mismos completamente alterada y de que buscan oportunidades de autorrealización y condiciones laborales más humanas.

Cuarto error: No darse cuenta de que la sociedad ha evolucionado hasta tal extremo, que exige como misión de la empresa bastante más que la pura maximización del beneficio. Su misión se debe definir hoy como la mejor contribución posible al mercado, considerando los intereses del capital, la dirección y el trabajo.

La teoría y la práctica

Se han encontrado algunas soluciones, tanto en la teoría como en la práctica, a estos errores. Sin embargo, no se presta atención a su combinación. Y sólo seremos capaces de enfrentarnos a la tarea que tenemos ante nosotros una vez que nos demos cuenta de que necesitamos estructuras y reglas de juego que alienten la identificación de quienes trabajan con su propia tarea, estableciendo así los fundamentos para multiplicar la creatividad y el compromiso de trabajar. Porque, en realidad, existe un gran potencial de afán de logro, potencial que necesitan las grandes empresas y que permanece adormecido en una gran cantidad de empleados. Salvo excepciones, todavía no nos hemos enfrentado a la búsqueda de la forma de liberar tales fuerzas. En la línea de una solución para la tarea estratégica clave de la dirección en el próximo siglo, no es ninguna tontería mirar atrás, una vez más, y comparar el éxito del empresario del pasado con las nuevas exigencias que prevalecen hoy: el empresario más centrado en descubrir dónde se hallaba todo aquello que le resultaba más inmediato y en sacar ventaja de las oportunidades que ello le brindara, era el que tenía éxito. Ahora bien, los cambios en los requisitos sociales y económicos hicieron que lo anterior fuera demasiado para una sola persona. Además, los intentos de mejorar los resultados a través de la especialización, de la delegación y la coordinación no han tenido el éxito que hubiera sido de esperar. Se ha logrado contrarrestar el tamaño y el grado de complejidad de la tarea con relativo éxito, pero transferir la creatividad empresarial ha resultado poco menos que imposible. Inicialmente su éxito radicaba en la alta coincidencia entre sus cualidades y objetivos personales y la naturaleza de su función. Pero hoy sus condiciones de trabajo no siempre coinciden con sus objetivos personales. El empresario de ayer sufría sanciones radicales de inmediato; hoy la incompetencia aflora con retraso y se penaliza menos que antes. Hoy en día crecen directivos, no empresarios. En la actualidad los políticos responsables de la estructuración de la sociedad se preocupan por la justicia y el humanitarismo hasta el punto de que descuidan su búsqueda de la manera de mejorar el éxito económico y de ampliar las oportunidades de desarrollo. De ahí que podamos concluir que todavía no se ha llegado a una comprensión suficiente de la transcendencia de la creatividad empresarial y de la iniciativa creadora en la mejora del nivel de vida y en el desarrollo de nuestra sociedad.

¿Puede subsistir el capitalismo?

Después de este análisis de las condiciones y desarrollos de la actividad empresarial, por una parte, y de la valoración de otras posibles formas de dirección por otra, se plantea la cuestión de si sería posible, y en qué condiciones, que nuestro sistema capitalista basado en la propiedad privada funcionara con éxito en el futuro. Para empezar podemos examinar los actuales cambios en la estructura económica de los países socialistas. Los desarrollos se pueden rastrear a partir del hecho de que el capitalismo estatal no es capaz de superar las dificultades a que se enfrenta, lo que a menudo presenta consecuencias muy serias, a través de su anulación del impulso natural en las personas con ideas empresariales que son esenciales para la mejora y el progreso. Al mismo tiempo, cabe destacar que las inevitables reformas puestas en marcha en los países de Capitalismo de Estado no han tenido en cuenta hasta ahora este requisito decisivo para el éxito de la actividad económica. Y debemos sacar conclusiones de esto para nuestro propio gobierno. La tendencia al desarrollo en la estructura de nuestras empresas y su forma de operar no deben colocar en primer lugar el trabajo más sistemático, sino situar al ser humano en el puesto que le corresponde dentro del proceso laboral. Insisto una vez más en que, en el pasado siglo, el empresario tenía éxito porque adecuaba sus objetivos personales y su carácter a su tarea. El desarrollo del capitalismo, sin embargo, ha generado una separación importante entre condiciones laborales de los ejecutivos y pensamiento auténticamente empresarial. Y, por añadidura, la progresiva separación entre capital y dirección supone remover uno de los pilares fundamentales de nuestro sistema económico, que, además, suponía un atractivo para los directivos. Por lo tanto, si no reconocemos este proceso y sacamos las apropiadas consecuencias, nuestra capacidad para desarrollarnos en el aspecto económico se verá drásticamente reducida y crecerá la tendencia a la creación de grandes monstruos empresariales y a la burocracia. De este modo, sólo conseguiremos ir derechos a la situación de la que los sistemas económicos socialistas tratan de escapar.

Ante la situación actual y el previsible desarrollo de nuestro sistema económico, debemos pensar hacia dónde nos lleva este camino y cómo cambiar su curso. A continuación, paso a proponer una definición de dirección a seguir en forma de tesis diversas.

Las ayudas estatales

Para poder definir el camino que hay que seguir, he de examinar la cuestión de si la institución llamada empresa y la actividad empresarial resultan o no atractivas, en la actualidad, para los jóvenes. Resulta negativo que las condiciones económicas y sociales se hayan vuelto desfavorables y que dificulten la actividad empresarial. Las subvenciones estatales para la creación de empresas se basan en un razonamiento correcto, pero no constituyen una compensación suficiente de las dificultades que deben superarse y en vista de las sólo pequeñas ventajas y oportunidades de esta carrera. Es decir, la sociedad se debería responder a sí misma las siguientes cuestiones: ¿tiene en la debida consideración la actividad empresarial?; ¿es objeto de un aprecio suficiente a través de las reglas de un juego que le impone el Estado? Las negativas hipotecas de nuestro pasado capitalista pesan mucho y dificultan una política objetivamente más servicial en favor de la empresa.

Los políticos y la empresa

Esta actitud descansa en la convicción de que, pese a todas las declaraciones públicas que se hacen, no se comprende en absoluto la trascendencia de la iniciativa empresarial. La situación es aún más complicada debido a que la creciente hiperespecialización obstaculiza el camino que conduce al entendimiento entre distintos grupos profesionales en lo referente a sus respectivas funciones y a su valor para la sociedad. La frecuente solicitud de intercambio en el sentido de que funcionarios públicos pasen a la empresa privada y de que directivos de empresa se introduzcan en el mundo de la política, demuestra con toda claridad la susodicha falta de entendimiento. La especialización es hoy una premisa para el posible éxito y un cambio de especialidad sólo es posible cuando el contenido de la tarea es simple y se da en niveles bajos de dirección. En realidad, la especialización ha estrechado de tal manera la capacidad de juicio, incluso entre los políticos, que se previene en contra del correcto aprecio de la actividad empresarial y del idóneo aliento al respecto. El gran número de cambios que se necesitan en lo relativo a la actividad empresarial continúan sin ser afrontados con la voluntad política suficiente para cambiar este estado de cosas. De ahí que la próxima generación de empresarios sea menor en número y, posiblemente, peor en calidad. Si esto resultara así, el error que habría cometido nuestra sociedad sólo se apreciaría a largo plazo. Y, en ese caso, se probaría que todos los esfuerzos que hemos realizado para humanizar la empresa han sido a costa de olvidar la necesaria creatividad que desarrolla y da bienestar a nuestra sociedad.

La generación empresarial de la posguerra

Sin embargo, la panorámica es aún relativamente prometedora cuando se contemplan las condiciones de trabajo de la clase media empresarial. Existen numerosas empresas de una larga tradición familiar y otras posteriores a la guerra que pertenecen a esta clase. En los días de la posguerra muchos empresarios hubieron de comenzar de nuevo desde el principio. El mercado otra vez estaba distribuido. Muchas empresas tradicionales habían cerrado y otras nuevas habían ocupado su lugar. Una increíble demanda, en casi todos los campos, desde bienes de consumo a hogares, dio alas a la actividad económica. Esta situación anormal supuso el mejor momento para el empresario. El deseo de logro y la inventiva de la clase media constituyeron gran parte de lo que se dio en llamar el milagro económico alemán. En aquel tiempo la situación precedente nada contaba y lo importante era el ingenio y el talento para improvisar y salir del paso. El coraje y la capacidad de entender las cosas tal y como eran remplazaron a la precisión y el comportamiento sistematizado. Poco había que perder y muchas ganas de sobrevivir y ganar.

Grandes cargas y extraordinarias oportunidades formaban el balance del momento. Y la clase media ha vivido de estos impulsos durante muchos años. El «boom» lanzó nuevos talentos a la cumbre y éstos arbitraron nuevas soluciones para los problemas. ¡Pero esta época se acaba!

Los obstáculos a la actividad empresarial, antes descritos, suponen ahora una pesada losa también para la clase media. El cambio necesario hacia nuevos planteamientos financieros afecta a la identificación del empresario con su tarea, porque va en contra de su idea de la propiedad. La larga tradición carismática familiar hoy se colapsa ante las nuevas exigencias de financiación y liderazgo. Ha sido absolutamente necesario delegar una parte de la responsabilidad y esto reduce el papel central del empresario como impulsor y diseñador. Las cargas sociales y fiscales hacen que cada empresa en nuevos campos soporte un alto riesgo. La clase media empresarial vive aún atiborrada de pasado, en cuanto a su posición y en cuanto a su patrimonio. Pero los márgenes disminuyen y muchos empresarios no sobrevivirán, pues la competencia internacional ha complicado mucho las cosas y las barreras de la innovación son demasiado elevadas. Para los viejos empresarios la cuestión es si les sale más a cuenta mantener su independencia o si quizás es mejor colocarse en una empresa más grande. Por supuesto, también cuentan con la opción de tomar capital de otras personas, pero esta solución no es la que se da habitualmente en la forma de pensar del empresario. Es una mala alternativa sobrevivir todo el tiempo posible «tirando» del capital de la compañía porque en la mayoría de los casos significa ahorcarse y permanecer inmóvil hasta el amargo final. Sin embargo, hemos de comprender que el esfuerzo necesario para ponerse al día en tantos aspectos es seguramente demasiado alto, en especial para los empresarios de más edad.

La nueva clase media empresarial

De todos modos también es cierto que muchos otros empresarios se han dado cuenta de que en nuestra cambiante época queda una oportunidad para quienes sean suficientemente listos. Es sorprendente y admirable cómo se han adaptado soluciones a los cambios en los negocios. Por lo tanto, podemos afirmar, con satisfacción, que el empresario no ha desaparecido, si bien debemos cuestionarnos, con respecto a la nueva generación empresarial, a dónde nos dirigimos. Me temo, sin embargo, que el pluralismo que hoy representa la clase media empresarial puede acabar conduciendo a ésta a la absorción por parte de un pequeño número de grandes empresas. Por supuesto, podría darse que algunas de ellas mejorasen su productividad de forma aislada, pero me parece improbable que la creatividad empresarial de que aún hoy disfrutamos no acabe siendo mermada. Ello supondría una gran pérdida para nuestra sociedad, porque nuestra posición en los mercados internacionales está determinada, precisamente, por dichas capacidades.

La necesidad de desarrollo de la clase media empresarial conduce a las siguientes acciones necesarias:

Por el bien de nuestra sociedad, es preciso reducir las cargas que pesan sobre la clase media y aumentar la flexibilidad del mercado de trabajo. El reconocimiento de los esfuerzos en pro de la protección de la humanidad ha dañado seriamente la capacidad de innovación del sistema económico. Puede que tales efectos no fueran previsibles. Pero el hecho es que el problema está allí y, por el propio bien de nuestra sociedad, no se puede mantener.

Habrá que simplificar y facilitar las posibilidades para la

clase media empresarial de toma de capital ajeno. Las soluciones deben tener en cuenta que la libertad de tomar decisiones empresariales y la motivación del empresario no han de quedar demasiado limitadas.

El empresario debe convencerse de que, si desea tener un nivel de creatividad satisfactorio y un deseo de obtención de éxito adecuado para que su compañía triunfe, es necesario que se asocie con sus trabajadores de base y con sus mandos. Para ello, tiene que reconsiderar su propia idea de sí mismo y de sus objetivos empresariales y tiene que adecuar sus técnicas de gestión. Sus empleados deberían tener influencia tanto material como creativa en la empresa. El empresario puede percibir, a simple vista, que esta forma de proceder sólo parece ser una pérdida. Y, sin embargo, tales decisiones lo que verdaderamente constituyen es una importante inversión para el éxito y para asegurar el futuro de la empresa.

La gran empresa

Ahora bien, las condiciones de trabajo en las grandes empresas son muy diferentes. En éstas, el empresario-propietario ha sido remplazado por la dirección y cierto número de accionistas. La dirección y coordinación de los efectivos de la empresa que antes estaba asegurada por la presencia del empresario-propietario, ha sido transferida a dos grupos que pueden tener objetivos muy distintos. Ambos, dirección y accionistas, buscan el éxito; pero lo interpretan de manera diferente. El capital y, en concreto, los pequeños accionistas no se preocupan de las condiciones laborales y poco pueden contribuir a las decisiones de la dirección. Ni les interesan. Lo que les interesa es el dividendo y, si no les satisface, pueden abandonar mediante la venta de sus acciones. ¿Es posible concebir una figura más alejada de la del empresario-propietario?

La actitud de la dirección hacia su trabajo, en las grandes empresas, también ha sufrido un cambio. En tanto en cuanto el Consejo de Dirección y los ejecutivos no suelen tener acciones de las grandes empresas, su relación con el capital es diferente. Claro que todavía se necesita el capital para promover la empresa. Sin embargo, para una dirección buena, esto supone una dependencia sólo mínima, ya que existe siempre la posibilidad de conseguir medios financieros en el mercado. La influencia del capital en la dirección, viene a través de la Junta General o del Consejo de Administración, y se supone que no es alta. Difícilmente se da algún valor a esta participación. Más acertado sería decir que los directivos toleran su influencia.

Por lo tanto, los que un tiempo atrás fueron esforzados paladines del capital han sido relegados a un papel secundario. Y esto ha supuesto un decisivo cambio a peor para el sistema capitalista. Por lo que deberíamos tener muy claro que si el capital ya no desempeña un papel activo en la defensa de sus propios intereses, las decisiones de la dirección perderán parte de su calidad.

Directivo «versus» empresario-propietario

Aún se pueden destacar otras diferencias en los comportamientos de un directivo y de un empresario-propietario. El directivo busca el éxito también en su propio interés y los objetivos que establece están muy impregnados de su propia personalidad. Como los dividendos no le afectan demasiado, persigue constantemente otros objetivos que son los que verdaderamente le importan. Por lo que, con frecuencia, el directivo define como éxito el tamaño y el reconocimiento público en lugar de un adecuado desarrollo de la empresa. Una buena muestra de ello es la obsesión de los directivos norteamericanos por presentar éxitos a corto plazo. Un buen empresario piensa estratégicamente y es capaz de esperar largo tiempo hasta que consiga el éxito y el reconocimiento. Lo que resulta muy tentador para muchos directivos en la planificación de su carrera profesional con su vana búsqueda del «autobombo». E igualmente criticable es la tendencia de los directivos a reducir la influencia del capital en la dirección y a considerar el pago de dividendos como un gasto más que se debe reducir todo lo posible. Actitud que resulta de una falta de interiorización de lo que es la función del capital en la economía. Otra diferencia entre el directivo y el empresario-propietario es la falta de lazos personales de aquél con la empresa, lo que tiene importantes consecuencias, porque la gestión necesita continuidad y cada cambio en el vértice de una empresa cuesta tiempo y dinero. Mientras que el empresario, en general, pierde poco tiempo pensando en abandonar su propia empresa. Y a lo que se dedica, intensamente, es a buscar un éxito que mantenga la tradición familiar. O sea, para un empresario dejar su empresa suele significar lo mismo que terminar su carrera. En cambio, los ejecutivos de empresa a la búsqueda del éxito con frecuencia encuentran fortuna en otro lugar y, también a menudo, hacen bien.

Estas diferencias entre el comportamiento de un ejecutivo de empresa y el de un empresario-propietario ejercen una influencia considerable en el destino de la empresa. Así, pues, me parece que conviene intentar reanimar un comportamiento empresarial al frente de nuestras empresas, para lo que en primer lugar es necesario introducir condiciones empresariales de trabajo.

Empresa grande «versus» empresa pequeña

En este punto me parece relevante pensar en si la tendencia hacia empresas gigantescas es o no inevitable y correcta. Las distintas suertes que han corrido diferentes grandes empresas nos llevan a asumir que tamaño y resultados no son una misma cosa. El tamaño óptimo de una empresa depende en parte de circunstancias objetivas y en parte de aspectos personales. La fortaleza de una empresa de tamaño medio estriba en la agilidad de su empresario. Pero esta ventaja no se puede traspasar a la gran empresa. Por otro lado, hay circunstancias objetivas en las que sólo una gran empresa con sus recursos puede abordar ciertas tareas. Por lo tanto, debemos concluir que el tamaño óptimo de una empresa depende de ciertas condiciones de la tarea a realizar, y, de este modo, coincidir en el hecho de que los requisitos objetivables para determinar el tamaño óptimo de una empresa son relativamente fáciles de definir, cosa que no sucede con las circunstancias personales.

Los requisitos de tecnología de gestión dependen de las exigencias de las grandes compañías. En la actualidad, muchas tareas sólo pueden ser realizadas por grandes empresas. Ello es así, por ejemplo, en lo referente a necesidades de tecnología de gestión, conocimientos especializados y capital necesario que permite competir con éxito a una empresa internacionalmente activa. A la luz de tales circunstancias, cabe plantearse si el quehacer de la empresa ha podido cambiar precisamente por el tamaño de la compañía. Ya se ha mencionado antes la separación entre capital y dirección. Y conviene insistir en que la función de los altos directivos empresariales de hoy tiene poco que ver con la actividad del empresario tradicional. La cúspide gerencial de una compañía grande debe definir su credo básico, planificar, verificar y coordinar. También debe tomar las decisiones de forma estratégica. Y la empresa mejor cualificada al respecto será aquella que cuente en su Consejo de Dirección con auténticos primeras espadas y que, aparte de la representación de las diferentes funciones, también incluya a los líderes de las unidades o divisiones más importantes de la compañía. Todo esto ha dejado de ser función del empresario y ha pasado a ser responsabilidad de los ejecutivos y jefes de departamento, que son quienes juzgan la situación de mercado y las posibilidades de producción. Su creatividad y capacidad de juicio se corresponden más con el hecho de reforzar el desarrollo y asegurar la competitividad de su empresa, de manera que, cuanto más restringe su autonomía una lejana autoridad funcional o un bajo nivel de descentralización más débil resulta su eficacia empresarial. Téngase en cuenta que ni siquiera los mejores especialistas de los comités centrales ni la mejor organización matricial pueden remplazar la creatividad empresarial y su capacidad de coordinación. Las jerarquías verticales difícilmente pueden aguantar la complejidad de los actuales procesos decisorios, en especial con la velocidad de cambio de nuestros días. Además, todo intento de mejora en este terreno hasta ahora ha fallado. De manera que la ineficacia de las grandes organizaciones acaba remplazando el juicio empresarial por precisas normas y políticas de actuación. Asimismo, debemos destacar, precisamente aquí, que nunca la mejor organización con sus mejores normativas podrá enfrentarse con eficacia al actual proceso de cambio. En este aspecto la gran compañía es similar a la Administración. Y las razones del fracaso de las economías con planificación centralizada andan por estos mismos derroteros.

Necesidad de potenciar la creatividad

Quien sea capaz de entender estas relaciones entre tamaño de la empresa y función del empresario debe esforzarse por acomodar la organización y tecnología de gestión de su compañía de tal manera que pueda brotar la creatividad empresarial a todo nivel y en cualquier área de la empresa. En estos momentos debemos pensar: cómo recrear tales condiciones en las grandes compañías, de manera que se potencie el crecimiento de los hombres «más empresario». La delegación de responsabilidades propugnada por la teoría moderna de la organización supone un importante paso hacia la dirección correcta. La libertad de un ejecutivo constituye un requisito esencial para su transformación en empresario; y, al mismo tiempo, es un desafío que reclaman quienes mayor confianza en sí mismos tienen, como parte de su autorrealización. Por supuesto, la estrategia debe intentar prever los errores que mejor se pueden evitar. Pero todo lo que suponga mejorar sistemas de prevención de errores en una gran compañía es muchas veces menos importante que la preparación de una nueva generación de empresarios. Ello es perfectamente compatible con el uso del instrumental disponible en sistemas de planificación y control como medio para determinar el área de libertad de los centros de responsabilidad. Ahora bien, este instrumental no debe obstaculizar el proceso de aprendizaje empresarial.

Nuevas condiciones laborales para ejecutivos-empresarios

Además de un marco para su creatividad, los directivos empresariales precisan unas adecuadas condiciones laborales. Un empresario persigue el éxito y anhela el aplauso. Debe ser compensado por sus servicios y su creatividad de acuerdo con el beneficio y, si es posible, tener parte en el capital de la empresa. Y es precisamente esta relación personal con el capital lo que, en nuestros tiempos, supone una importante condición que asegura una dirección verdaderamente empresarial y, con ello, la prueba de si el capitalismo y la economía de mercado pueden o no funcionar. Dado que en los grandes capitales que hoy precisan las grandes compañías resulta difícil tener una participación efectiva en el capital, yo recomendaría que, más allá de la participación en acciones, hubiera una prima extraordinaria bajo el concepto de «prima al empresario» para casos de logros empresariales extraordinarios.

Parece claro que unas condiciones de trabajo lo más empresariales posible no son suficientes para engendrar empresarios. Un cuidadoso y constante trabajo cerca de la nueva generación de directivos suministrará nueva sangre empresarial. El aprendizaje y el hecho de probarse uno mismo en la realidad práctica pondrá de relieve a quienes más en forma estén y dejará en la cuneta a los menos cualificados, del mismo modo que ocurría en el pasado con la vida real de los empresarios. Tales consecuencias y sanciones pueden parecernos crueles en la actualidad; pero, en cualquier caso, son indispensables y apropiadas. Una de las fortalezas del sistema capitalista consiste en su capacidad de gestión y su constante proceso de selección a través de la economía de libre mercado. Tales inversiones en personas capaces son las más importantes en términos de éxito y seguridad de continuidad de la gran empresa, que bien hará en componer su Consejo de Dirección en función de las generaciones que han crecido dentro de ella misma, ya que los directivos más empresarios que conocen a fondo la empresa por sus muchos años de servicios en ella, en general, aportarán más criterio que otros que vinieran de fuera.

El empresario anterior fue especialmente brillante porque su quehacer se correspondía con sus talentos y objetivos. Nuestro reto actual es generar condiciones de trabajo empresariales para los directivos de empresa. El desarrollo de nuestra sociedad requiere nuevos pensamientos y nuevos objetivos; pero esto no significa que haya que romper con el sistema capitalista y de economía de libre mercado. Es importante adoptar el sistema a las actuales circunstancias. Los deseos de libertad empresarial no tienen por qué estar en contradicción con los justificados objetivos de nuestra sociedad. Nuestros políticos deberían darse cuenta de que el cumplimiento de su mandato requiere un compromiso entre humanitarismo y eficacia económica. No podemos desarrollar más la red de servicios sociales. Hoy habrá que ampliar el espacio de responsabilidades individuales. Este objetivo también debe abarcar las condiciones laborales y profesionales de quienes tengan vocación empresarial. Me parece claro que en la democracia un largo camino separa la realidad de que algo esté claro del hecho de que sea políticamente posible. Sirva de consuelo el que nuestros representantes políticos hoy se enfrentan a muchas decisiones realmente difíciles. Pues bien, debería tener prioridad la provisión a la actividad empresarial de condiciones de trabajo auténticamente apropiadas.

De la misma forma que nuestra sociedad ha de aprender a valorar la función empresarial en su justa medida, los empresarios hemos de sacar nuestras propias conclusiones acerca de lo que hoy es la economía. Precisamente es en nuestra era cuando más se necesita al empresario y debemos esforzarnos para crear condiciones que se adecuen a su idea de autorrealización. Sin embargo, los directivos de hoy deben aceptar de una vez por todas que el objetivo de una empresa no puede ser sólo la maximización del beneficio. La construcción democrática de nuestra sociedad ha conllevado el nacimiento de otras ideas; la gente ya no consiente anteponer la comunidad a sus propias necesidades. Y, mientras en el pasado el único que, más o menos, podía autorrealizarse era el empresario, hoy quienes exigen esto son directivos y empleados, cuyas demandas de las empresas van más allá de lo material. El sentido de autorrealización basado en la justicia, el humanitarismo y la libertad creadora en el mundo del trabajo gana, constantemente, en importancia. Por lo tanto, es una suerte que las nuevas condiciones del proceso económico en general, coincidan con lo que son los objetivos personales de quienes trabajan en las empresas. Sólo empleados creativos y muy comprometidos con su tarea pueden sacar adelante el tamaño y la complejidad de la tarea actual. Y el empresario debe entender este cambio. Los términos «cultura empresarial» y «constitución empresarial» deben ser conceptos vivos y prácticos. Sólo el empresario que esté en sintonía con esta sociedad, y en este sentido políticamente comprometido, será capaz de resolver los futuros problemas. Y esto será poco menos que imposible para el que no tenga una relación honesta y cabal con sus hombres y la sociedad, pues perseguirá objetivos equivocados. Por esta razón creo que todo empresario hará bien en examinar su propia filosofía vital y en colocar su trabajo en el lugar que le corresponde en la relación con la sociedad.

Lo hasta aquí expuesto supone un cambio esencial en el sistema de motivación del capitalismo original y un grado de exigencia muy superior en las personas, quienes, en lugar de seguir sus tendencias naturales como en el pasado, deben pensar en el equipo humano. Deben considerar su liderazgo como algo que la sociedad espera de ellos, porque, en la actualidad, aquél es sinónimo de servicio.

Esto no debe ser insuperable sino llevadero, ya que eficacia y humanitarismo no sólo no son términos contradictorios, sino complementarios. Y si los empresarios, que buscan el éxito, asumen tal cosa, entonces la adecuada reforma del capitalismo estará asegurada.

Sin embargo, sería un error centrarse sólo en las dificultades del cambio. Si el éxito proporciona satisfacción, en el futuro también se medirá el éxito obtenido en el aspecto humano. Esta otra cara del equilibrio empieza a resultar pesada en nuestros tiempos. Y su importancia es creciente. Porque, ¿cómo se podría explicar el trabajo sin contrapartida material de tanta gente a lo largo de la historia, e incluso en nuestros días, si la motivación fuera exclusivamente material? Espero, pues, que el nuevo empresario se deje guiar en su trabajo por la valoración que obtiene de la sociedad.

Algunas conclusiones

Para tratar de sacar conclusiones de las anteriores consideraciones, convendría pensar en un perfil del nuevo empresario que conjugue aspectos del hombre-empresario convencional con los nuevos objetivos sociales que se le asignan. El desarrollo actual y futuro de las empresas está y estará determinado por la potencia formadora y la creatividad empresariales. Y, al respecto, las ideas deben estar muy claras: la velocidad de cambio en todos los aspectos de la vida continuará aumentando en el futuro. No tendremos la menor opción para competir sin un firme propósito de ser flexibles y creativos. Y como esto es así, cualquier intento de eludirlo ni es razonable, ni es natural, ni puede tener éxito. La única alternativa que tenemos es enfrentarnos al reto con creatividad y humanitarismo.

Los políticos tienen una responsabilidad decisiva en este proceso. Deben proporcionar el marco y la estructura en la que nuestra economía y nuestra sociedad se puedan desarrollar. Y en cuanto a la recomendación de «atrévase a ser más demócrata», ya no resulta suficiente. Resultaría muy útil que los propios políticos mejorasen sus propios procedimientos de gestión, porque a mí me parece que la mayor amenaza a nuestra democracia, no radica tanto en la extrema derecha o en la extrema izquierda, como en la incapacidad de los partidos para hacer bien un trabajo propio. Esto en el contexto económico significa que, por mucha política humanística que se haga, ésta carece de todo valor si mina las bases para tener éxito en el trabajo. Nuestros políticos deben darse cuenta de que las mismas metas humanitarias son las que requieren mayor libertad y responsabilidad para cada individuo. Porque, aunque lo más necesario a lo largo del último siglo y medio fuera montar la red de servicios sociales, en la actualidad la clave es humanística y presenta diferentes prismas.

Al mismo tiempo, los políticos deben tener claro que, en un momento de veloz cambio, la paz y el orden únicamente no son aspectos que nos lleven muy allá. Tener éxito en el futuro significa ser capaz no sólo de mantener la paz en medio del cambio, sino también adoptar una postura creativa en la conformación del propio cambio. Ello puede suponer una serie de premisas ya asumidas por ciertos sistemas políticos. Brevemente, el eslogan político «¡mayor libertad para más gente!» debe aplicarse a la economía privada y también, y sobre todo, al sector público, debido a que, tanto en su organización como en su técnica de gestión y en sus objetivos, el Estado lleva alrededor de medio siglo de retraso en relación con los tiempos actuales. Este infortunio ha soslayado a los más marginales y ha afectado a muchos grupos nacionales. No es difícil diagnosticar las causas de desarrollos erróneos. Los sistemas de liderazgo estatal que hemos heredado satisfacían ciertas necesidades personales y sociales en tiempos en que las relaciones sociales eran estables. Pero esto ya se acabó. En lugar de aceptarlo, somos incapaces de reorganizar adecuadamente nuestra comunidad. Debemos crear más áreas de libertad para la gente creativa y empresaria a través de las oportunas medidas políticas y legales. Y si no podemos hacer esto en un previsible futuro, la carga de nuestra administración pública se nos hará insoportable, en el contexto de una competencia internacional.

Pasemos a analizar ahora a la economía. Debido a la permanente presión de la competencia y a las fuerzas del desarrollo, sus perspectivas no son tan sombrías. Pero incluso en este aspecto hay razones poderosas para considerar si las estructuras vigentes y las técnicas de gestión en boga podrán enfrentarse con éxito a la tarea de futuro. El cambio decisivo en el proceso mental vendrá una vez se asimile sin duda alguna que no son el capital y el mercado los que aportarán el éxito, sino que será la persona creativa. En nuestras empresas hay más gente creativa de lo que nos parece. Así, precisamente una de las tareas urgentes de nuestro sistema económico consiste, en primer lugar, en redescubrir la importancia de lo creativo y, además, en facilitar adecuadas oportunidades de trabajo.

He afirmado que es necesario ofrecer nuevas condiciones de trabajo a la persona creativa y empresarial en nuestra sociedad. Se ha probado suficientemente que esto es posible. Sólo nos falta entender el proceso y hacer lo que se debe en cada momento. Y aunque nuestra capacidad de reacción en este sentido está influida por factores temporales, la carrera entre los sistemas político y económico exige acción por nuestra parte. Por lo tanto, si deseamos demostrar suficiente afán de éxito y creatividad, debemos intentar que haya más individuos que puedan alcanzar su autorrealización en nuestra empresa. Esta demanda es el fundamento de la verdadera identificación con el trabajo profesional y del deseo de trabajar basado en el afán de éxito. Me parece claro que tales metas son muy exigentes, y, por supuesto, no afectan en el mismo grado a todos los empleados. Sin embargo, lo que es cierto es que, cuanto mayor sea la identificación con el trabajo, mayor será la capacidad de las empresas de alcanzar altas metas.

Creo que una buena parte del camino que hay que seguir en nuestros tiempos nos lo puede indicar el modelo de empresas que trabajan bajo el «concepto de cooperación». Hay muchos ejemplos de aciertos y errores al respecto, tanto en el Este como en el Oeste. Y nosotros, tanto empresarios como políticos, debemos aprender de ello a tiempo. El camino hacia este objetivo es difícil y requiere tiempo; pero es el único que conduce al éxito. Si lo seguimos, no sólo obtendremos el premio de que se preservará el deseado *status quo*, sino que –estoy convencido– se activará al potencial de creatividad entre nuestros empleados, que ello supondrá la apertura de una nueva y decisiva fuente de poder en nuestras empresas. Ahora sí puedo responder a la pregunta referente a si aún necesitamos emprendedores con un definitivo «¡Sí!»

En nuestros días, incluso más que nunca, necesitamos gente que actúe en términos empresariales. Ese futuro empresario perseguirá diferentes objetivos y actuará de forma también diferente. Pero el impulso original y dominante de ponerse a sí mismo a prueba y de configurar realidades permanecerá y continuará conduciendo al éxito. Y confío en que, por su propio bien, nuestra sociedad se dé cuenta a tiempo del lugar que debe asignar a la persona emprendedora.

ANEXO

Términos técnicos específicos de la legislación alemana y/o de poco uso en España

Este anexo contiene términos a menudo utilizados en este libro, que no son de dominio público en España por basarse en la legislación alemana.

La explicación que se da no pretende ser exhaustiva. Sólo servirá al lector para situarse y entender mejor estos términos en su contexto.

Capital sin voto

Establecido en el Código Mercantil alemán (*Genusskapital*). Se trata de una forma de acciones que excluye el derecho a voto y que no participan en las Reservas de la compañía. Todavía no se utiliza mucho en la República Federal Alemana, pero sí existen unas Sociedades Anónimas importantes que han emitido este tipo de acciones, que también cotizan en la Bolsa.

Cogestión

Establecida por la Ley de Cogestión en la República Federal Alemana *(Betriebsverfassungsgesetz - BVG, Mitbestimmungsgesetzgebung)* y da determinados derechos de información, consulta y participación en la toma de decisiones a los representantes de los empleados elegidos por éstos. En el Consejo de Administración de las Sociedades Anónimas la representación laboral tiene (normalmente) una tercera parte de los puestos y votos.

Cogestión paritaria (aplicada a la industria del hierro y carbón)

Leyes especiales de Cogestión para el sector minero *(Montan-Mitbestimmung)* con derechos aún más amplios, por ejemplo el 50 por ciento de los puestos y votos en el Consejo de Administración.

Coinformación

Establecida por la Ley de Cogestión. Se trata de un derecho de los empleados y/o sus consej(er)os menos amplio que el de la Cogestión: la consulta a ellos por parte de la dirección con «el deseo honesto» de llegar a un acuerdo.

Comité de Empresa (Consejeros de los Empleados)

Establecido por la Ley de Cogestión. Los representantes son elegidos por los empleados y/o trabajadores de una empresa. Puede haber diferentes jerarquías: Comité en cada unidad local, en toda la división, toda la empresa, todo el grupo, en el holding, etc.

Consejo de Administración

Establecido por la Ley de Sociedades Anónimas. La traducción literal sería «Consejo de Vigilancia». Se trata de un órgano de control de líneas generales, como temas de estrategia y el nombramiento de los miembros del Consejo de Dirección. Sus miembros son elegidos por la Junta de Accionistas, por los representantes del factor capital y por los empleados, los representantes del «factor trabajo» *(v. Cogestión)*.

Consejo de Dirección

Establecido por la Ley de Sociedades Anónimas. Se trata de los últimos responsables de la dirección operativa de una Sociedad Anónima, cuyo presidente tiene funciones similares al Consejero Delegado en España. Son nombrados por el Consejo de Administración.

Directivos

Por un lado, se refiere a todo tipo de personal con tareas de dirigir a otros, ya sea en un grupo de trabajo, un departamento, un centro de beneficios, la empresa, el grupo, el holding, etc. Por otro lado, se trata de un grupo de empleados con *status* especial en la Ley de Cogestión, que no está representado por los Consejeros de los Empleados, y, por consiguiente, normalmente no tiene representación propia en el Consejo de Administración.

Junta de Empleados

Institución especialmente definida por los propios estatutos en la Bertelsmann AG.

Labor de personal

Se incluye en este término todo tipo de funciones de un departamento clásico de personal y en especial las nuevas tareas de formación, apoyo, selección, motivación, carreras planificadas, responsabilidad social, etc., que también se denominan en algunas empresas «Relaciones Humanas».

Partes contratantes del convenio

Se trata de los representantes patronales y de los sindicatos, que son quienes negocian los convenios.

Utilidad Pública

(Gemeinnutzigkeit) En la República Federal Alemana sólo son de utilidad pública las fundaciones y otras instituciones que no tienen afán de lucro, sino que su fin consiste en dar un servicio al público. Deben cumplir estrictos requisitos para que el fisco les conceda la exención de lo que en España se llama Impuesto de Sociedades.

Este libro se terminó de
imprimir y encuadernar
en Printer, Industria Gráfica, S.A
en el mes de Octubre
de 1988